京华通览

历史文化名城

主编／段柄仁

朝阜路

徐佳伟　张杰／编著

北京出版集团公司
北京出版社

图书在版编目（CIP）数据

朝阜路 / 徐佳伟，张杰编著． — 北京：北京出版社，2018.3
（京华通览）
ISBN 978-7-200-13442-1

Ⅰ.①朝… Ⅱ.①徐… ②张… Ⅲ.①城市道路—介绍—朝阳区 Ⅳ.①K291

中国版本图书馆CIP数据核字（2017）第267099号

出版 人　曲　仲
策　　划　安　东　于　虹
项目统筹　孙　菁　董拯民
责任编辑　白　珍　杨一帆
封面设计　田　晗
版式设计　云伊若水
责任印制　燕雨萌

《京华通览》丛书在出版过程中，使用了部分出版物及网站的图片资料，在此谨向有关资料的提供者致以衷心的感谢。因部分图片的作者难以联系，敬请本丛书所用图片的版权所有者与北京出版集团公司联系。

朝阜路
CHAOFULU

徐佳伟　张杰　编著

北京出版集团公司
北京出版社　　　　出版
*
（北京北三环中路6号）
邮政编码：100120

网　址：www.bph.com.cn
北京出版集团公司总发行
新 华 书 店 经 销
天津画中画印刷有限公司印刷
*
880毫米×1230毫米　32开本　6.875印张　139千字
2018年3月第1版　2022年11月第3次印刷
ISBN 978-7-200-13442-1
定价：45.00元
如有印装质量问题，由本社负责调换
质量监督电话：010-58572393

《京华通览》编纂委员会

主　　任　段柄仁
副 主 任　陈　玲　曲　仲
成　　员　（按姓氏笔画排序）
　　　　　于　虹　王来水　安　东　运子微
　　　　　杨良志　张恒彬　周　浩　侯宏兴
主　　编　段柄仁
副 主 编　谭烈飞

《京华通览》编辑部

主　　任　安　东
副 主 任　于　虹　董拯民
成　　员　（按姓氏笔画排序）
　　　　　王　岩　白　珍　孙　菁　李更鑫
　　　　　潘惠楼

序一

PREFACE

擦亮北京"金名片"

段柄仁

北京是中华民族的一张"金名片"。"金"在何处？可以用四句话描述：历史悠久、山河壮美、文化璀璨、地位独特。

展开一点说，这个区域在 70 万年前就有远古人类生存聚集，是一处人类发祥之地。据考古发掘，在房山区周口店一带，出土远古居民的头盖骨，被定名为"北京人"。这个区域也是人类都市文明发育较早，影响广泛深远之地。据历史记载，早在 3000 年前，就形成了燕、蓟两个方国之都，之后又多次作为诸侯国都、割据势力之都；元代作为全国政治中心，修筑了雄伟壮丽、举世瞩目的元大都；明代以此为基础进行了改造重建，形成了今天北京城的大格局；清代仍以此为首都。北京作为大都会，其文明引领全国，影响世界，被国外专家称为"世界奇观""在地球表面上，人类最伟大的个体工程"。

北京人文的久远历史，生生不息的发展，与其山河壮美、宜生宜长的自然环境紧密相连。她坐落在华北大平原北缘，"左环沧海，右拥太行，南襟河济，北枕居庸""龙蟠虎踞，形势雄伟，南控江淮，北连朔漠"。是我国三大地理单元——华北大平原、东北大平原、蒙古高原的交汇之处，是南北通衢的纽带，东西连接的龙头，东北亚环渤海地区的中心。这块得天独厚的地域，不仅极具区位优势，而且环境宜人，气候温和，四季分明。在高山峻岭之下，有广阔的丘陵、缓坡和平川沃土，永定河、潮白河、拒马河、温榆河和蓟运河五大水系纵横交错，如血脉遍布大地，使其顺理成章地成为人类祖居、中华帝都、中华人民共和国首都。

这块风水宝地和久远的人文历史，催生并积聚了令人垂羡的灿烂文化。文物古迹星罗棋布，不少是人类文明的顶尖之作，已有1000余项被确定为文物保护单位。周口店遗址、明清皇宫、八达岭长城、天坛、颐和园、明清帝王陵和大运河被列入世界文化遗产名录，60余项被列为全国重点文物保护单位，220余项被列为市级文物保护单位，40片历史文化街区，加上环绕城市核心区的大运河文化带、长城文化带、西山永定河文化带和诸多的历史建筑、名镇名村、非物质文化遗产，以及数万种留存至今的历史典籍、志鉴档册、文物文化资料，《红楼梦》、"京剧"等文学艺术明珠，早已成为传承历史文明、启迪人们智慧、滋养人们心灵的瑰宝。

中华人民共和国成立后，北京发生了深刻的变化。作为国家首都的独特地位，使这座古老的城市，成为全国现代化建设的领头雁。新的《北京城市总体规划（2016年—2035年）》的制定和中共中央、国务院的批复，确定了北京是全国政治中心、文化中心、国际交往中心、科技创新中心的性质和建设国际一流的和谐宜居之都的目标，大大增加了这块"金名片"的含金量。

伴随国际局势的深刻变化，世界经济重心已逐步向亚太地区转移，而亚太地区发展最快的是东北亚的环渤海地区、这块地区的京津冀地区，而北京正是这个地区的核心，建设以北京为核心的世界级城市群，已被列入实现"两个一百年"奋斗目标、中国梦的国家战略。这就又把北京推向了中国特色社会主义新时代谱写现代化新征程壮丽篇章的引领示范地位，也预示了这块热土必将更加辉煌的前景。

北京这张"金名片"，如何精心保护，细心擦拭，全面展示其风貌，尽力挖掘其能量，使之永续发展，永放光彩并更加明亮？这是摆在北京人面前的一项历史性使命，一项应自觉承担且不可替代的职责，需要做整体性、多方面的努力。但保护、擦拭、展示、挖掘的前提是对它的全面认识，只有认识，才会珍惜，才能热爱，才可能尽心尽力、尽职尽责，创造性完成这项释能放光的事业。而解决认识问题，必须做大量的基础文化建设和知识普及工作。近些年北京市有关部门在这方面做了大量工作，先后出版了《北京史》（10卷本）、《北京百科全书》（20卷本），各类志书近900种，以及多种年鉴、专著和资料汇编，等等，为擦亮北京这张"金名片"做了可贵的基础性贡献。但是这些著述，大多是服务于专业单位、党政领导部门和教学科研人员。如何使其承载的知识进一步普及化、大众化，出版面向更大范围的群众的读物，是当前急需弥补的弱项。为此我们启动了《京华通览》系列丛书的编写，采取简约、通俗、方便阅读的方法，从有关北京历史文化的大量书籍资料中，特别是卷帙浩繁的地方志书中，精选当前广大群众需要的知识，尽可能满足北京人以及关注北京的国内外朋友进一步了解北京的历史与现状、性质与功能、特点与亮点的需求，以达到"知北京、爱北京，合力共建美好北京"的目的。

这套丛书的内容紧紧围绕北京是全国的政治、文化、国际交往和科技创新四个中心，涵盖北京的自然环境、经济、政治、文化、社会等各方面的知识，但重点是北京的深厚灿烂的文化。突出安排了"历史文化名城""西山永定河文化带""大运河文化带""长城文化带"四个系列内容。资料大部分是取自新编北京志并进行压缩、修订、补充、改编。也有从已出版的北京历史文化读物中优选改编和针对一些重要内容弥补缺失而专门组织的创作。作品的作者大多是在北京志书编纂中捉刀实干的骨干人物和在北京史志领域著述颇丰的知名专家。尹钧科、谭烈飞、吴文涛、张宝章、郗志群、马建农、王之鸿等，都有作品奉献。从这个意义上说，这套丛书中，不少作品也可称"大家小书"。

总之，擦亮北京"金名片"，就是使蕴藏于文明古都丰富多彩的优秀历史文化活起来，充满时代精神和首都特色的社会主义创新文化强起来，进一步展现其真善美，释放其精气神，提高其含金量。

2017 年 11 月

目录
CONTENTS

概　述 / 1

古建拾遗

皇家遗韵 / 16
景山 / 16
故宫——神武门 / 22
北海公园和团城 / 26
历代帝王庙 / 35
大高玄殿 / 49
大慈延福宫建筑遗存 / 56

宗室旧居 / 59
恒亲王府 / 59
孚王府 / 63
美术馆东街25号院 / 71
礼多罗贝勒府 / 75

寺庙数珍 / 79
　　南豆芽清真寺 / 79
　　东四清真寺 / 81
　　广济寺 / 84
　　白塔寺 / 92

繁华商街

粮煤济京 / 102
　　朝阳"粮"门 / 102
　　阜成"煤"门 / 108

食货兴都 / 111
　　隆福寺庙会 / 111
　　东四、西四 / 118
　　仿膳饭庄 / 122
　　白塔寺庙会 / 127

文脉传承

中西交融 / 132
　　北京大学红楼 / 132
　　国家图书馆文津分馆 / 141
　　北京鲁迅博物馆（北京新文化运动
　　　纪念馆）鲁迅博物馆馆区 / 146
　　中国美术馆 / 154

师洋启新 / 160
　　北京水准原点旧址 / 160
　　中央医院 / 162
　　静生生物调查所 / 164
　　中国地质博物馆 / 165

雅居名庭　|　天壤民居 / 170
　　　　　　　　传统四合院 / 170
　　　　　　　　西式新建筑 / 172

　　　　　　　庭院难寻 / 175
　　　　　　　　现状溯源 / 175
　　　　　　　　保护之举 / 177

脚下之路　|　保　护 / 182
　　　　　　　　全局方案 / 182
　　　　　　　　重点项目 / 186

　　　　　　　建　设 / 187
　　　　　　　　景区景点建设 / 187
　　　　　　　　建筑交通改造 / 190
　　　　　　　　文化商业挖掘 / 192

　　　　　　　推　广 / 196
　　　　　　　　皇韵气派之旅 / 196
　　　　　　　　文化长河之旅 / 197
　　　　　　　　爱国红色之旅 / 198

参考书目 / 201

后　记 / 205

概 述

具有3000多年历史的北京给人的第一印象就是厚重——历史厚重，底蕴厚重。然而这厚重感却可以通过一条文化大街活泼多样地展示出来，那就是朝阜路。正如舒乙在《发现北京：舒乙眼中的北京》中描写的一样："文化大道是绝对名副其实的，而且是中国文化大道，内容涉及中国皇家文化、士大夫文化、平民文化、宗教文化、现代文化及文学、美术、文物、园林等丰富多彩的文化内容，来到这里，宛如步入中国文化博物馆群。"

元至元四年（1267年），元世祖忽必烈命令大臣刘秉忠等人为其营建一座新的都城。"匠人营国，方九里，旁三门。国中九经九纬，经涂九轨，左祖右社，前朝后市，市朝一夫。"《周礼·考工记》中描绘出来的理想城市模型在元大都得以实践。环城共开11门，东、南、西各有3门，北有2门。其东面的3座城门，自北而南依次为光熙门、崇仁门、齐化门；西面的3座城门自北

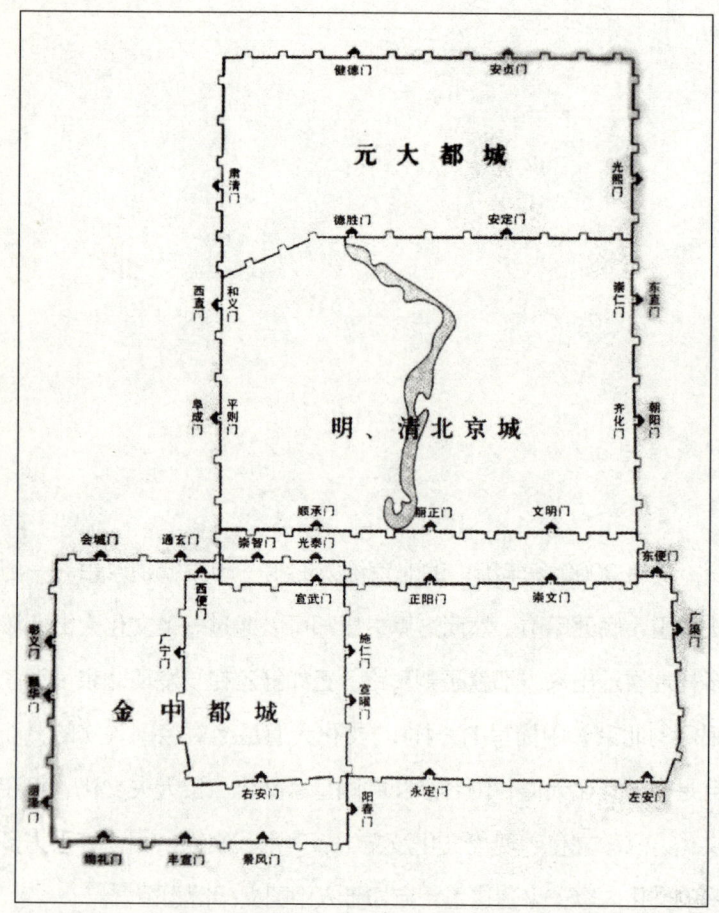

金、元、明、清北京城址变迁

而南依次为肃清门、和义门、平则门。

　　建成之初的齐化门、平则门与它的后世相比,不免显得简陋,仅有城楼,筑楼材质也仅为夯土而已。马可·波罗的游记可做佐证,"(大都城)环以土墙",他还进一步描述了与城门相连的城墙的形状,"城根厚十步,然愈高愈削,城头仅厚三步",可见当时城墙的形状是比较明显的梯形。《顺天府志》载"至正十九年（1359年）冬十月庚申朔，诏京师十一门皆筑瓮城，造吊桥"。两门才开始由单体建筑向建筑群的方向发展。

大都各城门内的大街构成全城主干道。东西干道有：崇仁门街、齐化门街、平则门街、和义门街等，南北干道有：文明门街、顺承门街、健德门街、安贞门街等。《析津志》载：元大都街制，"大街二十四步阔，小街十二步阔"。大街宽37.2米，大街之间有小街，小街宽18.6米，小街之间有胡同，胡同宽9.3米。纵横交织，形成棋盘式街道格局。

齐化门街、平则门街就是今朝阜路的主要干道，为土路，且在建城时主干道两侧设置了排水明沟，用条石砌筑。齐化门（明代以后的朝阳门）内的大街就是今朝阳门内大街，平则门（明代以后的阜成门）内的大街就是今阜成门内大街。但在古时（元、明、清）因有太液池和皇城、宫城等原因，这条大街的中部不相通，这种布局一直延续到清代终结。

今天"西四""东四"这两个地名实际是"西四牌楼""东四牌楼"的简称。作为老北京传统的商业中心，它们最早都形成于元代。元代的西四地区叫作"羊角市"，是大都西部集中交易羊、马、牛、骆驼等牲畜为主的集市区。东四附近叫作"旧枢密院角市"，因靠近政府机构而得名，是大都东部的商业中心。元大都的羊角市和旧枢密院角市粗具规模，对后来明、清西四牌楼、东四牌楼大市街乃至近现代西四、东四地区成为北京的繁华商业地段功不可没。

元代的平则门街和齐化门街上已经出现了一些重要的寺庙建筑，它们大都是在辽金遗迹上的改建重造之作。其中较为重要的有大圣寿万安寺（俗称白塔寺）。

明代将元大都北城墙向南缩了5里，南城墙推平，向南拓展2里，从今天的长安街沿线推至前门大街一线。健德、安贞、光熙、肃清4城门皆废，代之以德胜门、安定门，城门数由11门降为9门。此后明嘉靖年间又加修了外城城墙。于是，北京城便从方正的形状变为了"凸"字形的轮廓。这时，今日的朝阜路已经基本横亘

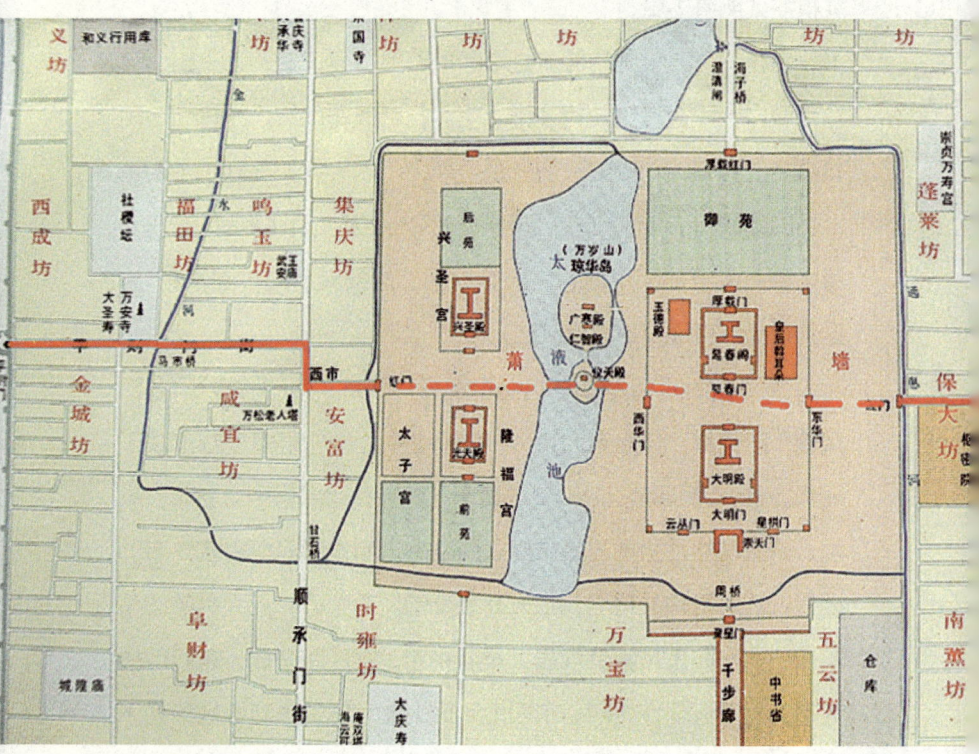

元至正年间（1341—1368年）的朝阜路（2014年绘制）

在北京城的中间地带了。

在修理城墙的过程中，城门也进行了几次修缮。最大规模的一次是在明正统年间。工程从明正统二年（1437年）正月开工，至明正统四年（1439年）四月竣工，修建了9门的城楼、箭楼、瓮城等。工程结束后，各城门的名称发生了很大改变。原有的齐化门改为朝阳门，以其面向太阳升起的东方而得名；平则门改为阜成门，寓意使国家年丰物阜、人民安定，其语出自《尚书·周官》"六卿分职，各率其属，以倡九牧，阜成兆民"，并沿用至今。这便是当代朝阜路（朝阳门至阜成门道路）最直接的语源。

朝阳门至阜成门之间没有贯通的道路，主要干道西向有阜成门大街、西安门大街，东向有翠花胡同、双碾街、朝阳门大街。相比元代，除了坊的增减和更名以及街巷胡同的密集，朝阳门内大街和阜成门内大街的景观也有颇多改变。

在皇城内部，明王朝将挖掘紫禁城筒子河和太液池、南海的泥土堆积在"青山"，形成5座山峰，称"万岁山"（清初改称景山），将延春阁基址牢牢镇压在山下，以此成为北京中轴线上的制高点。在万岁山的西侧，元代在瀛洲西向建的木桥被拆除，改用大理石在原址上重建，并在石桥两端各建起一座牌坊，西端的叫金鳌，东端的叫玉蛛，此桥故名金鳌玉蛛桥。明嘉靖二十一年（1542年），在紫禁城神武门外与宫城西北角楼隔河相对的地方，修建了皇家道观大高玄殿。

在朝阳门内大街上，京师巨刹隆福寺和道观大慈延福宫相继落成。在阜成门内大街上，明嘉靖初年修建了祭祀历代帝王的宫寝——历代帝王庙，位于阜成门内保安寺故址。

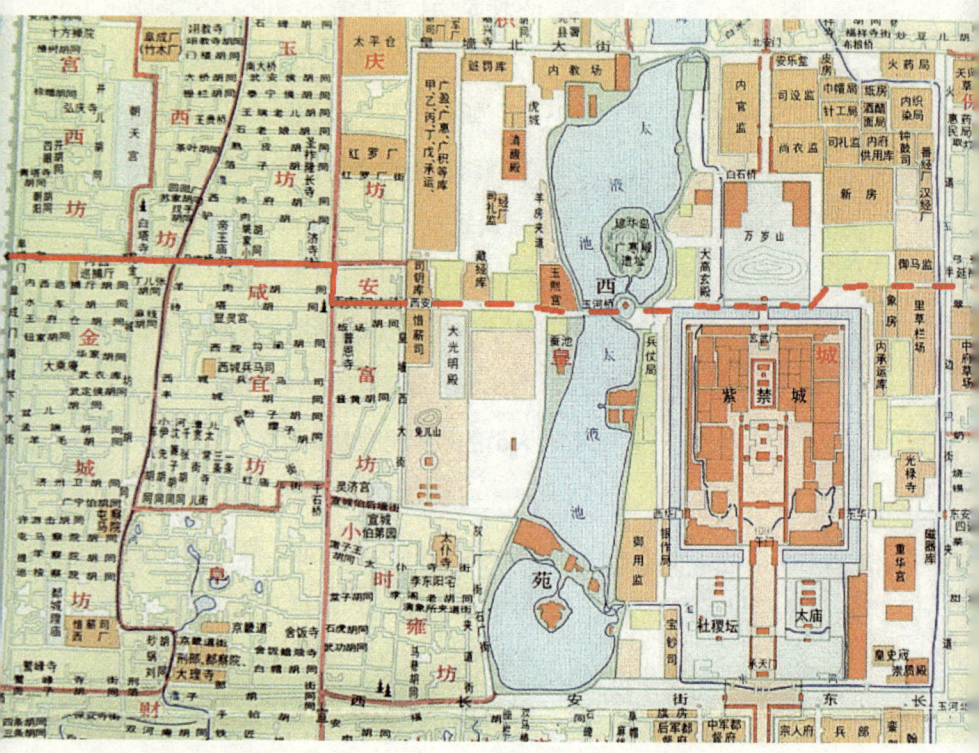

明万历至崇祯年间（1573—1644年）的朝阜路（2014年绘制）

清朝定都北京后，实行旗民分城居住的政策。八旗官兵环绕皇城分为里外两层，外层为八旗前锋参领、侍卫前锋校、前锋等，内层为八旗满洲五参领、蒙古二参领下护军参领、护军校、护军等。笼统地来看，朝阳门内大街是正白旗与镶白旗的分界线，阜成门内大街是正红旗与镶红旗的分界线。清末设置巡警负责的各区之后，东段属于中一区与内左二区、内左四区的一部分，西段属于中二区与内右二区、内右四区的一部分。

这个时候朝阳门内大街和阜成门内大街的景观继续得到丰富和改造。朝阳门和阜成门在清代曾多次被修缮，但城门形制仍未有太大特别之处，《北京的城门与城墙》的作者瑞典人喜仁龙称朝阳门城楼结构普通，形制与其相对的平则门（今阜成门）城楼相同，仅在细部存在着差异。

经过多次修整改建的朝阳门城楼面阔5间，通宽31.35米；进深3间，通进深19.2米；城楼连同城台通高32米，比其他城楼宽度要大。箭楼城台高12.5米，南面阔7间，通宽32.5米；进深3间，通进深18.5米；后出庑座5间阔27米。正面开过木方门3个，庑座进深6.5米，箭楼通进深25米，共有箭窗82孔。瓮城

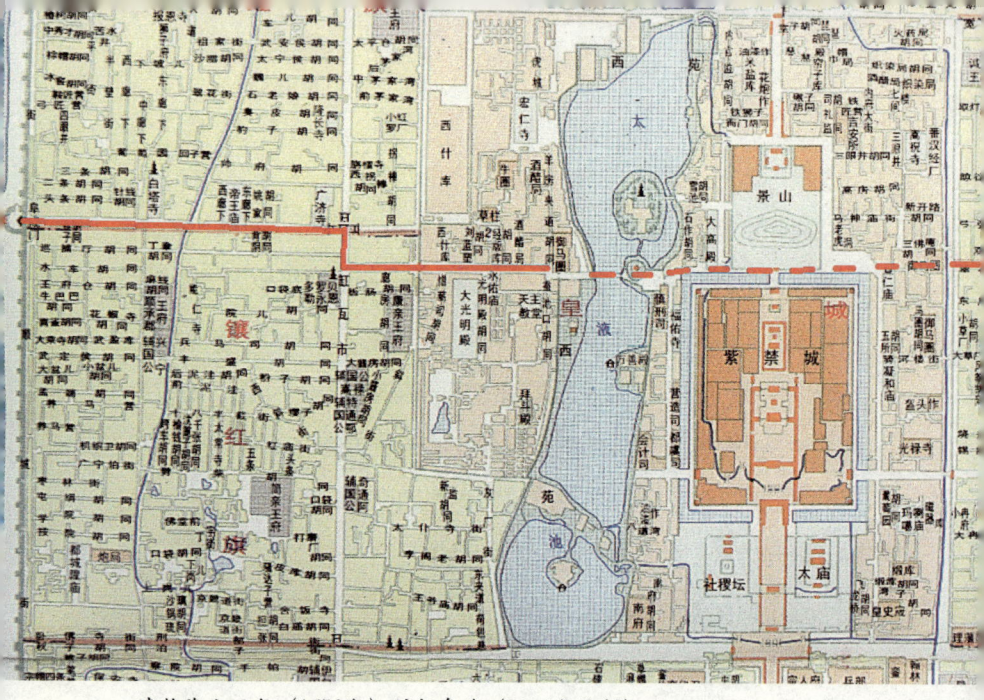

清乾隆十五年（1750年）的朝阜路（2014年绘制）

宽 68 米，深 62 米，北侧辟闸楼、券门，东北角有关帝庙。阜成门城楼面阔 5 间，通宽 31.2 米；进深 3 间，通进深 16 米；连台通高 31.7 米。箭楼面阔 7 间，通宽 32.5 米；进深 5 间，通进深 25.6 米；连台通高 30 米。瓮城东西长 65 米，南北宽 74 米；其北侧墙辟券门，上建闸楼；瓮城内东北角有关帝庙。

清代政府对隆福寺、延福宫、大高玄殿、帝王庙、白塔寺等建筑进行了修缮和改建工作，使这些建筑得以更好地发挥职能。

隆福寺、白塔寺由于其所处地理位置靠近交通要道等原因，庙市功能不断加强，并在清末民初与护国寺、土地庙、花市集并称五大庙会；延福宫在明末香火凋零后，于清初成为满汉子弟学习的场所。与此同时，在朝阳门内北小街出现了怡亲王府（孚郡王府）。

此外，清光绪十三年（1887年）天主教北堂也迁至西安门

内西什库，即西什库教堂。

1912年皇城内开禁，20世纪20年代朝阳门大街和阜成门大街修成碎石路面。

在1931年以前，完成了皇城东西两侧与两条大街的交界处的改造。将皇城城墙的绝大多数拆除，在东、北、西皇城城墙基址开辟马路，从而形成了西皇城根北街、南街。沙滩地区也是在这一时期形成的。另外，当年在赵登禹路与阜成门内大街的交会处，有一个明沟，即大明濠，上有一座石拱桥，因在马市附近，故称马市桥。桥因年久失修，桥面遍布漏洞裂缝，行人须跳着迈步，故有"马市桥，跳三跳"之说。1929年用拆皇城的城砖修治大明濠，使其由明沟变为暗渠，上面修路，即今天的赵登禹路、太平桥大街。

除道路上的改观，景观上的变化主要集中在新型"洋式"建筑大量出现。1916年，中国地质博物馆建立；1917年中央医院建成；1918年北京大学红楼在沙滩北街（今五四大街）

驶过东四牌楼的压路机

落成并投入使用,是当时北京城颇有现代气息的西洋式风格建筑;1931年,北平图书馆落成,它成为当时国内规模最大、最先进的图书馆,其仿古特色与周围的景致和谐地融合在一起。

与此同时,故宫博物院北门道路(即景山前街)打通,并修成沥青路面。从此,北京城的居民可以在昔日封建王朝的禁地中自由穿行。百年前的皇家园林深处,如今成了一条车水马龙的大路,也使得朝阳门至阜成门这条地处内城中心地带的东西向道路得以贯通。

景山前街打通的意义重大,大大缩短了东西城交通的空间距离,一些建筑的职能发生了变化。皇家宫殿、园林,在民国时期多成为对外开放的公园和博物院,如故宫、景山、北海等。作为城市中央的主要道路,商业功能也大大加强。集中表现在由频繁的庙会逐渐带动商业街的出现。朝阳门至阜成门之间的道路西段有白塔寺,"民国十一年起,定为每逢国历五、六两日为庙会之期。商贩云集,所售之物多家常日用之品,暨孩童玩具食物。后院多

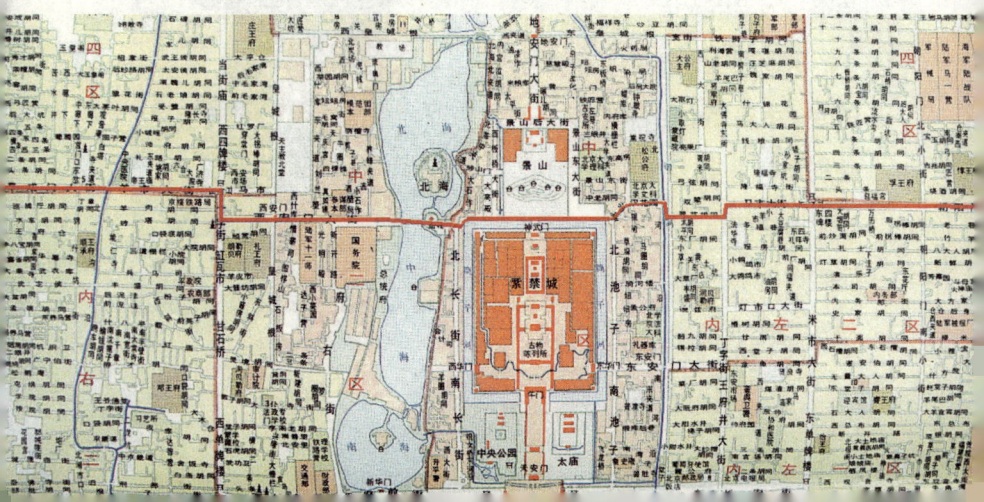

民国时期的朝阜路(2014年绘制)

下级游艺,少长咸集,游人如蚁"。东段则有隆福寺,"该庙每于旧历九、十两日为开庙之期,各摊杂集,百货并陈,盛况不减于西庙(西庙指护国寺)。古玩珠玉摊尤多,外人时往选购,为东城一带之临时大市场也。自1930年改为每逢国历一、二、九、十日为该庙会期。是月若逢大建,庙会即增至十三日"。

中华人民共和国成立至今,朝阳门至阜成门之间的道路经历了数次的整修和拓宽,整体风貌有了较大变化,其中最重要的改造发生在20世纪50年代。

1950年西四东大街修水泥混凝土路面,宽10.5米。1953年拆阜成门瓮城,朝阳门内大街由原来路面10米拓宽至15.2米。1955年拆除了东四牌楼、北海南门与中南海北门的3座门及北海大桥东西端的"金鳌""玉蝀"牌楼。1956年由市道路一公司对朝阳门至阜成门之间的道路做大规模的改建,阜成门内大街展宽至15米,西四东大街在原10.65米宽水泥路北侧展宽3.35米,修成14米宽沥青路面。西皇城根北街南段修成12米宽沥青路面。西安门大街及文津街展宽成18~20米宽的沥青路面,

1958年的朝阳门内大街

20世纪60年代的阜成门内大街

拆除景山前街房屋 300 余间及大高玄殿的牌楼和习礼亭,景山前街展宽至 18 米,两侧修缸砖人行道。五四大街原系利用翠花胡同和弓弦胡同分上下行通车,此次拆除房屋 700 多间修成 18 米宽新路。由市道路二公司展宽、改建北海大桥。为保护团城,道路在此处向南拐了一个弯,桥面及路面宽 34 米,面层铺筑沥青。1957 年开通了朝阳门经阜成门至动物园的北京市第一条无轨电车路线。

1963 年至 1965 年,朝阳门内大街、东四西大街、阜成门内大街修两侧人行道。1967 年对东四西大街做加固工程。1975 年对朝阳门内大街做加固工程并修成三幅式路面,机动车道宽 15 米,两侧隔离带各 1.5 米,非机动车道 4~5 米。1977 年在景山前街加铺面层,更换水泥路缘石及水泥方砖人行道。1979 年由市第一市政工程公司将文津街展宽成20~25米路面。1984年在景山前街、文津街、北海前门各修过街地下通道一座。截至1990年底，朝阳门至阜成门之间道路基本畅通。

道路虽已形成，但"朝阜路"的说法是在2000年后提出的。进入21世纪以来，针对朝阜路的改造工程开始以恢复历史风貌为主，先后修复了历代帝王庙、白塔寺、大高玄殿前牌坊等历史建筑，并对朝阳门内的南新仓加以保护性利用改造。目前，朝阜路大致形成了3段格局：阜成门至西安门大街以传统四合院为主要街边建筑，文津街至景山前街作为皇城建筑园林集中带，五四大街至朝阳门内大街为现代建筑集中地段。

《北京市"十二五"时期历史文化名城保护规划》进一步明确了朝阜路沿线的保护与整治方案："（1）探索多种途径实施文物保护单位修缮和开放。推动景山寿皇殿、大高玄殿等文物保护单位保护和开发进程；以多种方式实现开放保护。加强对孚王府等文物保护单位的修缮和管理。改善白塔寺、历代帝王庙等重点文物保护单位周边环境。（2）继续开展挂牌保护院落保护与利用工作。继续开展张自忠路南保护区、东四南保护区以及西四地区挂牌保护院落保护与利用工作。（3）启动优秀近现代建筑和工业文化遗产保护与再利用，推动非物质文化遗产传承。保留美术馆后街部分工业遗迹，吸引艺术家、创意设计等工作室入驻，利用闲置厂房设置中小型美术馆、展览馆，或用于拍卖、学术交流、艺术培训等多功能合理用途，扶持'后街美术与设计创意产业园'的发展。通过文化内涵挖掘和保护非物质文化遗产，加强隆福寺地区传统饮食文化以及传统商业文化的展示和文化体验，引进全国非物质文化遗产项目长期展示。（4）加强朝阜线的空间联系。充分展现朝阜线各类文化遗产、多元宗教文化、近现代史迹、自然生态环境交织的美丽景观。"

朝阜路沿线各级文物保护单位一览表

名称	年代	地址	级别	公布时间
妙应寺	元	阜成门内大街171号	全国重点	1961年
团城	明清	文津街1号	全国重点	1961年
北京大学红楼	民国	五四大街29号	全国重点	1961年
历代帝王庙	明清	阜成门内大街131号	全国重点	1996年
大高玄殿	明	景山前街北侧	全国重点	1996年
景山	明清	景山前街	全国重点	2001年
孚王府	清	朝阳门内大街137号	全国重点	2001年
广济寺	明清	阜成门内大街25号	全国重点	2006年
鲁迅故居	民国	阜成门内大街宫门口二条19号	全国重点	2006年
北平图书馆旧址	民国	文津街7号	全国重点	2006年
东四清真寺	明	东四南大街西侧13号	市级文保单位	1984年
大慈延福宫建筑遗存	明	朝阳门内大街223号	市级文保单位	1990年
北京水准原点旧址	民国	西安门大街1号	市级文保单位	1995年
美术馆东街25号四合院	清	美术馆东街25号四合院	市级文保单位	2001年
阜成门内大街93号四合院	民国	阜成门内大街93号四合院	市级文保单位	2003年
恒亲王府	清	朝阳门内大街55号	市级文保单位	2003年
中央医院旧址	民国	阜成门内大街133号	区文保单位	2007年
礼多罗贝勒府	清	阜成门内大街243号	保护院落	2003年
隆福寺	明	东四北大街西侧		
南豆芽清真寺	清	朝阳门内豆瓣胡同4号		
静生生物调查所	民国	文津街国家图书馆文津分馆主楼西侧		
中国地质博物馆	现代	西四羊肉胡同15号		
中国美术馆	现代	五四大街1号		

古建拾遗

朝阜路两侧，无论是皇家园林还是王公府邸，抑或是寺庙，都是古代建筑技艺的典范、不可多得的艺术珍品。

在北京作为都城的长达 800 余年的历史中，元、明、清的皇城就屹立于朝阜路中段。宫禁使人们从朝阳门到阜成门不得不绕个圈子。这个圈子内就是神圣的宫廷大内与皇家园林，紫禁城矗立在前，北海、景山并立在后，西侧还有团城。同时，这个圈子是皇家统治者处理公务与日常生活、消遣的地方。为朝见便利，宗室皇亲、权贵重臣将自己的府邸安置于皇城两侧与背后。皇帝们信奉宗教、热衷建庙的行为也使得大量寺庙出现在朝阜路两侧，这些寺庙中有一部分是皇家御用，还有一些则是官方出资营建，为百姓所用。这些皇家园林、王公府邸、古代寺庙都是朝阜路这条具有深厚历史底蕴的"华锦"上的美丽"图案"。

皇家遗韵

景山

景山公园位于北京市西城区的景山前街，西临北海，南与故宫神武门隔街相望，是元、明、清三代的御苑。公园坐落在明清北京城的中轴线上，公园中心的景山，曾是全城的制高点。

景山历史悠久。金大定十九年（1179 年），金世宗在辽瑶屿行宫的基础上建太宁宫，并开凿了西华潭（今北海），在此地堆

景山公园

成了小丘,这就是最初的景山。及元朝建都北京后,元世祖忽必烈在营建大都时,把皇宫的中心建筑延春阁建在土山的南面,并将土山命名为"青山",又在青山上下广植花木,作为皇家的后花园。

明灭元后,将元大都改称"北平"。明朝统治者下令将元朝大内的宫殿全部拆毁,想以此消除前朝的"王气"。明永乐元年(1403年)改北平为"北京"。明成祖朱棣在北京大规模营建城池、宫殿和园林。依据"苍龙、白虎、朱雀、玄武,天之四灵,以正四方"之说,紫禁城之北乃是玄武之位,当有山。故将挖掘紫禁城筒子河和太液池、南海的泥土堆积在"青山",形成5座山峰,称"万岁山",将延春阁基址牢牢镇压在山下。谈迁《北游录》说:"万岁山俗称煤山。"据说,明初,朝廷在景山堆煤,以防元朝残部围困北京引起燃料短缺,因此该山又称"煤山"。明朝的万岁山下遍植果树，通称"百果园"或"北果园"。在万岁山东北隅建寿皇殿等殿台，供皇帝登高、赏花、饮宴、射箭。园内东北面的观德殿原是明代帝王观赏儿臣们射箭之所。山下豢养成群的鹤、鹿，以寓长寿；每到重阳节，皇帝必到此登高远眺，以求长生。明崇祯十七年（1644年）三月十九日，李自成军攻入北京，明思宗朱由检缢死于万岁山东麓一株老槐树下。清军入关后，为笼络人心，将此槐树称为"罪槰"，用铁链锁住，并规定清室皇族成员路过此地都要下马步行。

清顺治十二年（1655年），将万岁山改称"景山"。"景"是高大的意思，典出《诗经·都风·定之方中》"望楚与堂，景山与京"，至今已沿用300多年。乾隆帝曾在《御制白塔山总记》中写道："宫殿屏扆则曰景山。"将景山喻为皇宫的屏障。清乾隆十六年（1751年），在景山的5座山峰上各建了一座佛亭，最高大的是中峰的万春亭。5座佛亭中都有铜铸的佛像。庚子之年（1900年），八国联军攻入北京，闯进景山，抢走了4尊铜佛。所剩的万春亭中的铜佛因体积太大无法搬运而被破坏了佛臂，此铜像最终毁于"文化大革命"。1924年，冯玉祥部占领景山，架设大炮，驱逐溥仪出宫。

辛亥革命后，景山虽于1928年辟为公园，对外开放，但园内多处建筑呈现残破景象。

中华人民共和国成立后，自1950年至1955年，景山被军队短暂使用。1954年10月29日，中国新民主主义青年团中央书记处致函中共中央刘澜涛并彭真、习仲勋、陆定一、杨尚昆、萧华，请求将北京市景山公园改建为北京市少年儿童文化公园。12月12日，彭真致函刘澜涛并胡耀邦，同意将景山辟为少年宫。1955年6月1日，北京市少年宫正式投入使用。1955年7月16日，景山公园重新开始迎接游人。1966年"文化大革命"期间，全国红卫兵大串联，景山公园改称"红卫兵公园"，并从1971年2月21日起关闭，直至1978年3月1日恢复开放。2001年，景山被列为全国重点文物保护单位。2003年，北海景山公园管理处一分为二，成立独立的景山公园管理处，归属北京市公园管理中心。

在1934年以前，景山还保留着内外两重围墙的建制，外墙高大，而内墙稍矮。现在的景山围墙，实际上是景山的内墙。景山外围的东、西、南、北四面的8座大门早已被拆得杳无踪迹，

从景山万春亭上向南俯视北上门和景山门，形制相似，尺寸明显大许多

景山公园南门和万春亭

只剩下景山内墙的 6 座里门。

《北京宫阙图说》载:"神武门之北,过桥为景山。山前,为北上门;门内,为景山门;入门为绮望楼……"景山的南门正对着故宫的神武门,现在景山南门外马路的南侧过去有一座大门,是景山南面的外门。从一出紫禁城即可登山的角度讲,景山南面的这座外门被称作"北上门"。北上门要比现在的景山南门规制大许多,每扇门上都有九九八十一颗包金的门钉。北上门和大门两侧的官学堂,都在 1954 年因为扩路而被拆除。现在的景山南门原来是里门,又称万岁门,因早年景山称为万岁山而得名,三明两暗五大开间,朱门金瓦气势恢宏。

北上门与万岁门之间,东西两端相距 50 米左右的位置,原来各有一座门,与北上门、万岁门共同形成一处可自然封闭的空间，在古代这也是从皇宫安全保卫的角度特意设置的。在景山前街的东端，原来还建有"北上东门"，前街的西端还建有"北上西门"。这一道道大门的存在，是为了保护皇宫北门的安全。

走进景山南门，迎面便是造型雄伟的绮望楼。该楼建于清乾隆十四年（1749年），倚山而起，坐北朝南，黄琉璃筒瓦歇山顶，重楼重檐，面阔5间，进深3间。上檐单昂三踩斗栱，明间悬满汉文书匾额"绮望楼"；下檐单昂五踩斗栱，前带廊，有丁头栱雀替，旋子彩画。四周有汉白玉石护栏。内供奉孔子牌位。北、东、西3面墙下石台基上原有泥塑若干，这里一直是历代皇帝供奉孔子牌位的地方。

在绮望楼后面，5座山峰上各有一座造型美观的峰亭，自东向西依次为观妙亭、周赏亭、万春亭、富览亭、辑芳亭，5座亭中原有5尊佛像，相传北京有五味神，这5座亭内的铜佛像，象征着酸甜苦辣咸五味。

景山公园内有各种树木近万株。最吸引游人的便是那株明崇祯皇帝自缢而死的老槐树。"文化大革命"期间，老槐树被当作"四旧"砍掉，1981年在原址新移栽了一棵槐树。1996年，公园管理处将东城区建国门内北顺城街7号门前一株有150多年树龄的古槐移植至老槐树原处，替代了1981年移植的槐树。虽然当年悬挂过崇祯"龙体"的槐树早已不复存在，但各地游客依然喜欢在补栽的古槐前品评一下历史。

在崇祯自缢处东侧路北面，行经公园东门内侧，便是牡丹园。此地是明、清两朝帝王赏花处，而今这里却成了平民百姓观赏牡丹的场所。在牡丹园北面是观德殿，又名护国忠义庙。这处建筑为琉璃砖瓦仿木结构，殿堂多间，前后出廊，是典型的清代建筑。从观德殿途经海棠园，来到永思殿，该殿坐北朝南，自成一院，为清代帝、后亡故后停灵之所，光绪帝的棺椁也曾在这里停放过。永思殿以西就是气势宏大的寿皇殿，此殿于清乾隆十六年（1751年）修建于山后中轴线上，并仿照太庙格式予以扩建，坐北朝南。它是清朝专为供奉皇帝祖先御容而建造的，所以不仅建造富丽堂皇，而且布局庄重、严谨，自成格局。此地自20世纪50年代即辟为北京市少年宫。1981年4月10日晚，设在殿内的一个小充电室未拉闸断电，酿成火灾，但大殿很快修复。几十年来，寿皇殿及其宽阔的院落内，一直是少年儿童校外活动的乐园。

如今，给古老冷清的园林带来欢声笑语的不光是孩子们，景山公园整洁清爽的环境成为人们健身的好场所。大家互教互学，其乐融融。古老的景山显得生机勃勃、青春焕发，带给人们无穷欢乐。

故宫——神武门

故宫，旧称紫禁城，位于北京城的中心，是明、清两个朝代24位皇帝的皇宫，占地面积72万平方米，建筑面积约15万平方米。明永乐四年（1406年）开始营建，明永乐十八年（1420年）落成。现为故宫博物院。

紫禁城作为明、清两代的宫城，分为外朝、内廷两个部分。

神武门

外朝是皇帝处理政事的地方，凡国家的重大活动和各种礼仪，都在外朝举行，它由天安门—端门—午门—太和殿—中和殿—保和殿中轴线建筑及两旁的殿阁廊庑组成。内廷是皇帝、后妃生活的地方，包括中轴线上的乾清宫、交泰殿、坤宁宫、御花园和两旁的东西六宫等建筑群。

紫禁城有4座城门：南面为午门，北面为神武门，东面为东华门，西面为西华门。城墙四角各有一座九梁十八柱七十二脊的角楼。

神武门是紫禁城的北门，位于景山前街4号。明永乐十八年（1420年）建成时称玄武门。玄武为古代四神兽之一。从方位上讲，左青龙，右白虎，前朱雀，后玄武，玄武主北方，所以帝王宫殿的北宫门多取名"玄武"。清康熙年间重修时，因避康熙帝玄烨名讳改称"神武门"。

神武门旧设钟、鼓，由銮仪卫负责管理，钦天监指示更点，每日由博士1员轮值。每日黄昏后鸣钟108响，而后敲鼓起更。其后每更打钟击鼓，至次日拂晓复鸣钟。但皇帝住宫内时，神武门楼上则不鸣钟。

神武门总高31米，平面矩形。基部为汉白玉石须弥座，城台辟门洞3个，上建城楼。楼建于汉白玉基座上，面阔5间，进深1间，四周围廊，环以汉白玉石栏杆。楼前、后檐明间与左、右次间开门，菱花槅扇门。东西两侧通往城墙及左右马道的门为双扇板门。四面门前各出踏跺。城楼为重檐庑殿顶，下层单翘单昂五踩斗栱，上层单翘重昂七踩斗栱，梁枋间饰墨线大点金旋子彩画。上檐悬蓝底镏金铜字满、汉文"神武门"华带匾。顶覆黄色琉璃瓦。楼内顶部为金莲水草天花，地墁金砖。神武门对面是景山。

作为宫内日常出入的重要门禁，明、清两代皇后行亲蚕礼即由神武门出入。清代皇帝从热河或圆明园回宫时多从此门入宫。此门也是后妃及皇室人员出入皇宫的专用门。皇帝出外巡幸，可由午门出宫，但随行嫔妃必须由神武门出宫。如果皇帝侍奉皇太后出宫，则一同出神武门。

清代选秀女时，神武门则是把被选看八旗秀女领进和带出宫廷所必经的皇城大门。这种严格的选秀女活动，由户部主管，每3年举行一次。选看的前一日，各旗的参领、领催等要事先排定车次，然后按顺序鱼贯衔尾而进。每辆车上挑挂双灯，各有标志。

傍晚发车，入夜经地安门至神武门外，等候启门，再依次下车入宫。所乘车辆，即由神武门夹道出东华门，再由崇文门大街一直向北，绕道仍进地安门回到神武门，估计时间已是次日中午左右。选看完毕的秀女，复按次序退出神武门，登车各归其家。虽千百辆车，却井然不乱，所以人们称之为"排车"。据说清乾隆年间选秀女时，车马杂沓，先后凌乱，应选者各自争路，车不得进，不仅时有堕珥遗簪的旗女，且有交通事故发生。自清嘉庆年间的额驸丹巴多尔济提出上述车辆由神武门向东而西绕行的方法，人皆称便，秀女的车辆就不再因抢道而拥挤不堪了。鉴于选看秀女时，这种车马辐辏、人员麇集的情况，清嘉庆六年（1801年）谕旨规定，应选当日，进宫的大臣官员不准走神武门，皆须由东华门、西华门入内，就连王子也不准由神武门行走。神武门是皇后妃嫔及选看秀女出入的主要宫门，所以在顺治初年，参与大政的孝庄皇后就颁有明谕"有已缠足女子入宫者斩"，这道懿旨清宫早年便高悬在神武门内。

明崇祯十七年（1644年），李自成率起义军直捣皇宫，皇帝朱由检出神武门逃到煤山（现名景山）自缢。1912年3月12日清帝逊位后，"暂居宫禁"但并不是占有紫禁城的全部，而只是居住在后半部，原来举行大典所用的象征权威的三大殿已收归民国所有，紫禁城的四大门中只有神武门由清朝皇宫管理。

1924年，冯玉祥发动北京政变，11月5日以武力将逊位清帝驱逐出宫。面对武力，溥仪率众在冯军的"保护"下，由神武门离去。

北海公园和团城

位于朝阜路中间地段的北海公园，是辽、金、元的离宫，明、清时期辟为帝王御苑，是中国现存最具综合性和代表性的皇家园林之一。

中国古代神话传说中，东海中有蓬莱、方丈、瀛洲三座仙山，为神仙居所。中国古代帝王为了追求长生不老，在修建皇宫苑囿时，也采用这种一池三山的布局形式。元、明、清三代建都北京，大力营造宫苑，这些宫苑中或以人工挖湖堆山（如三海、圆明园），或利用自然山水加以改造（如颐和园），宫苑中以山水、地形、植物来组景，因势因景点缀园林建筑，仍可明显看到"一池三山"的传统影响。

北海公园南门

北海、中海、南海，合称"西苑三海"，又称太液池、金海、西海子。三海的历史可以追溯到唐初，"海"，出自蒙古人之口，在蒙古语当中"海"是"海子"的简称，有"湖"的意思。三海以两座桥梁作为分界线，"金鳌玉𬭚桥"（现北海大桥）以北为北海，"蜈蚣桥"（今白玉石桥）以南为南海，两桥中间为中海。今天的中海和南海即中南海，已成为中国的政治中枢。北海则被开辟成

北海大桥

了北海公园。"让我们荡起双桨,小船儿推开波浪,海面倒映着美丽的白塔,四周环绕着绿树红墙……"这段如今已选进小学课本的著名歌词,据说就是作者乔羽先生站在金鳌玉蛛桥上得到的灵感。

北海公园南面有一处"城中之城",是一座砖砌的城台,处于故宫、景山、中南海、北海之间,每当人们从这里走过,总会被那参天的苍松翠柏,掩映其间的碧瓦朱墙和精巧的楼台所吸引而感慨万千。这就是团城。

团城的历史和北海相同,辽代,团城所在的位置是一座小岛,作为辽代瑶屿行宫的重要组成部分。金朝在小岛筑起城墙,围成一个圆形的小城,作为祭祀天神用的圆丘,称其为瑶光台,为进出团城方便修建昭景门和衍祥门。元代称团城所在岛为"瀛洲",

称团城为圆坻，古汉语中"洲"和"坻"指水中的小块陆地，从当时的名称我们不难看出那时的团城四面临水，作为太液池中的一座小岛，并以神话传说中的东海仙岛的名称——"瀛洲"来命名，反映了"一池三山"的建苑传统。在金人祭天圆台上修建有一座殿宇称仪天殿，当时团城四面临水两面架桥，通过东面的木桥，可以直达东岸皇帝临朝和居住的"大内"。通过西面的木桥，就来到西岸两组宫殿之间。南边一组在今皇城根南街与中海之间，叫作隆福宫，是皇太子居住的地方；北边一组在今西皇城根北街与北海之间，叫作兴圣宫，是皇太后居住的地方。三宫鼎立，团

团城

城所在的小岛,正是东西联系的中心。

到了明代,重修仪天殿,明永乐十五年(1417年)改名承光殿。明弘治三年(1490年),圆坻西面的木桥被拆除,改用大理石在原址上重建,并在石桥两端各建起一座牌坊,西端的叫金鳌,东端的叫玉蝀,此桥故名金鳌玉蝀桥。明嘉靖三十一年(1552年)改名乾光殿,同时将团城东侧木桥拆除,湖池填为平地使之与"大内"衔接,从此结束了圆坻四面临水的历史,形成半岛。

清康熙八年(1669年),承光殿因地震坍塌,清康熙二十九年(1690年)重建,把原来的半圆殿改成了十字形平面,歇山向前四面抱厦的建筑。清乾隆年间又进行了较大规模的修建。今天的团城,基本上保持了清乾隆年间修建后的风貌。

团城高4.6米,周长276米,占地面积4500多平方米。城台东西两面各有一座随墙门,现在由于路面垫高,因此墙门低凹。东门称昭景门,西门称衍祥门,两门的建筑形制相同,东西对称。明代两门皆开,东入西出。清代依照风水先生说法,团城西南方的金鳌玉蝀桥拱形如弓,圆形的团城恰如一颗弹丸,有"弹丸欲发"之势。射出的方向是东北,这对自诩"紫气东来"的清朝统治者极为不祥,于是将衍祥门关闭,使弹丸无法发出。衍祥门在清光绪二十六年(1900年)被八国联军所毁,1953年由文化部照原样修复,在其脊下挂有当时文化部文物局局长郑振铎为重建所书的题字。昭景门为游人出入口,进门后,可沿回旋式城砖磴道到达城顶台面。在两条磴道的上出口处,各有形制相同的罩门亭一座,均为黄琉璃筒瓦绿剪边单檐庑殿顶,三踩斗栱,旋子彩画,

近代金鳌玉蝀桥

面阔1间,进深1间。

城台顶面的建筑不多,但布置得体,在保持传统的对称建筑中杂以园林景物,错落有致。承光殿为全城台中心,殿南侧有玉瓮亭,殿北侧有敬跻堂,3座建筑构成整个城台的中轴线。在这条中轴线的两侧对称地排列着几组建筑。东侧由南至北依次为:昭景门楼、东庑殿、古籁堂等;西侧由南至北依次为:衍祥门楼、西庑殿、余清斋等。此外,亭廊假山杂置其间:余清斋西有回廊与其西侧的沁香亭相连通;敬跻堂东西各有假山,山上各置一亭,东为朵云亭,西为镜澜亭。综观整座城台,殿堂碧瓦朱垣,金碧辉煌的古建筑之间,穿插种植着数十棵已有几百年历史的苍松劲柏,遮阴蔽日,虬枝各异。这就是我们现在看到的团城。

从元代至今,承光殿一直是团城的主体建筑。大殿的正中为一重檐歇山正方形大殿,四面又各推出单檐卷棚式抱厦一间,成了富有变化的十字形平面,上面覆黄琉璃瓦绿剪边,瓦顶飞檐翘角,与故宫紫禁城角楼相似,为古代建筑中不多见的优美造型。

承光殿中央佛龛内供奉着一尊释迦牟尼佛坐像，由整块白玉石雕刻而成，故称白玉佛，高 1.5 米。玉佛身穿金袈裟，头顶及衣褶上嵌着红、绿宝石，面部表情肃穆端庄，雕刻艺术精美绝伦。这座白玉佛是清光绪二十四年（1898 年）从缅甸募化而来，后被僧人敬献给慈禧。在玉佛左臂上有一道刀痕，为八国联军所砍伤。

走出承光殿，在南侧，是一座蓝顶白玉石亭，格外引人注目，名玉瓮亭。亭中的石莲花座上有一个杂色墨玉瓮，直径 1.5 米，周长 5 米，高 70 厘米，重 3500 公斤。相传是元世祖忽必烈为犒劳将士而特制的酒瓮。元末进士陶宗仪在《辍耕录》中提到玉瓮时说："其大可贮酒三十余石。"其雕成于元至元二年（1265 年），原名"渎山大玉海"，因传说此玉采自四川岷江，该地古称"渎山"，"大玉海"是言其极大，寓有"海德""海量"之意，故有此名。瓮身四周刻有云涛、蛟龙、海马等，鱼龙出没，波涛汹涌，其雕刻之精美，形象之生动，堪称鬼斧神工，与承光殿内的白玉佛合称团城二绝。大玉瓮原先置于琼华岛广寒殿（即现在北海公园白塔的位置）中，后来广寒殿倒塌拆除，大玉瓮便辗转流落到西华门外真武庙里，被道人当作菜瓮使用。清康熙五十年（1711 年），僧人性福重建真武庙，"供大士像，移玉钵于座下，叠石为小山贮水于玉钵，以示普陀南海之意"，玉瓮又再次"时来运转"，位列尊崇，真武庙之名也渐被玉钵庵取代。清乾隆十年（1745 年），有人将此事奏报朝廷。乾隆皇帝酷爱文物，发现玉瓮原是皇家御苑之物，于是"敕以千金易之"，移置北海团城的承光殿前，并建石亭加以保护。乾隆亲作《玉瓮歌》刊刻其上："元史世祖至元间,初成渎山大玉海,敕置广寒碧殿中,逮今五百有余载。青绿间以黑白章,云涛水物相低昂,五山之珍伴御榻,从臣献寿欢无央。监院道房曾几历,仍列承光似还璧,相望琼岛咫尺近,岂必铜仙独泪滴。和阗玉瓮昨琢成,质文较此都倍赢,周监在殷殷监夏,一经数典惕予情。"又命内廷翰林40余人各赋《玉瓮诗》一首,刻在石亭的楹柱间,至今仍依稀可辨。此外,还为玉瓮配制了汉白玉雕花石座(现在看到的支撑玉瓮的石座为仿制品,原石座现存放在法源寺)。

围绕承光殿的附属和配套建筑有敬跻堂、东庑殿、西庑殿、古籁堂、余清斋、沁香亭、朵云亭等。

在团城除了玉佛、玉瓮之外,还有3棵非常有名的古松。最著名的"遮荫侯"位于承光殿东面,树龄有800多年,树高近20米,树形遒劲古拙,冠如偃盖,好似撑开的巨伞。传说一年夏天,清乾隆皇帝游北海,到团城适值正午。因室内闷热难耐,于是宫人摆案油松树荫之下休息。清风拂过,暑汗全消,乾隆皇帝于是便效仿秦始皇游泰山避雨时封"五大夫"松的故事,封这棵油松为"遮荫侯",同时还封南边的一棵白皮松为"白袍将军",还有一棵油松为"探海侯"。

说到团城的古树,不能不说一下团城所采用的古代"集水法"。团城地下集雨排水系统建于明永乐年间。团城地面青砖造型特别,上大下小呈倒梯形。铺设时大头在上,小头在下,砖与砖之间留有空隙,地下部分就形成了上小下大的三角形缝隙。砖的吸水性很好,就像一个微型水库。下雨天,雨水会通过青砖和缝隙流到

"遮荫侯"　　　　　　　　　"白袍将军"

地下。而如果遇到大雨或连续降雨时，多余的雨水会借助团城北高南低的地势流入石制的水眼中。团城有 11 个石制水眼，分布在古树周围，每个水眼下有一个竖井，竖井与竖井间有青砖建成的涵洞相连。涵洞高度在 80~150 厘米之间，同样是用青砖建成。到达涵洞的雨水，可以从下、左、右 3 个方向继续向更深的土壤渗透。同时，涵洞与水眼组成了一个巨大的地下通风系统，为城内的植物提供了良好的透气条件和水资源。此外，团城的土壤层也有很好的透气透水性能。这些土壤层按结构自上而下可分为支撑层、有机质层和黄沙壤层。10 厘米厚的支撑层主要成分有谷壳、石灰等，这些成分能使地表水快速渗透，透气透水性好。10 厘米厚的有机质层主要成分包括贝壳、骨头、活性钙、兽血、有机酸等，历经数年缓慢释放，可以对植物生长提供大量有机质和微量元素，有利于植物的生长。而深达 4~5 米厚的黄沙壤层，渗水性、透气

团城保护标志牌

性良好，适合植物生长。

北海和团城，在我国古代园林建筑史、造园艺术史上有着重大的价值，对研究北京发展史也有重要的意义。中华人民共和国成立后，党和人民政府十分重视这组古建筑的维修和保护工作。我们敬爱的周恩来总理，在日理万机中仍然关怀北海和团城的文物保护工作。1954年，北京的城市建设和工农业生产日益发展，由于街道改建，团城拆除与否的问题被提上日程。同年盛夏的一个下午，周总理亲自来到团城考察。他冒着酷热，在城上足足察看了两个小时，认真听取文物工作者和古建专家的意见，最后决定保留团城，让团城南面中南海国务院围墙后移，马路向南扩建，解决交通问题。周总理还指示在北海堆云积翠桥的南面、团城北面城墙下修一座台阶，使进入北海的群众可以直接登上团城游览。保留下来的团城有了向世人展示自身的机会。

历代帝王庙

位于西城区阜成门内大街131号，是明、清皇家祭祀三皇五帝和历代帝王的场所。帝王庙占地21500平方米，建筑面积6000平方米。整体布局气势恢宏，显示了皇家庙宇的尊贵和气派，是中国不可多得的古代建筑精品，1996年公布为全国重点文物保护单位。

历代帝王庙于明洪武六年（1373年）始建于金陵（今南京）钦天山之阳（山南水北，谓之阳），供奉三皇五帝和夏禹、商汤、周武王、汉高祖、汉光武帝、唐太宗、宋太祖、元世祖等共16位开国帝王。历代帝王庙建成之后，朱元璋规定每年春秋仲月上旬甲日为祭日，他还亲自到庙里行祭礼。据有关文献记载，南京历代帝王庙建成后第二年即遭火灾焚毁，后又重建。与此同时，朱元璋在自己老家安徽凤阳按南京的规格，建起历代帝王庙。令

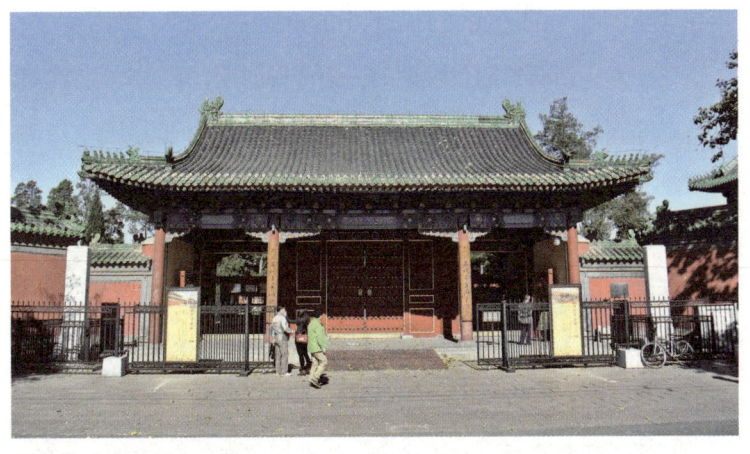

历代帝王庙正门

人遗憾的是，南京和凤阳的历代帝王庙都未能保存下来，如今的北京历代帝王庙是全国唯一留存下来的历代帝王庙。

明洪武二十一年（1388年），朱元璋扩大享祀阵容，除帝王外，增添功臣从祀。至此，历代帝王庙享祀帝王和功臣成为定制，突出三皇（伏羲、燧人、神农）五帝（黄帝、颛顼、帝喾、尧、舜）崇高的祖先地位和对创业帝王、功臣的敬仰之情，奠定了统一多民族国家帝王祭祀体系的基础。

明太祖朱元璋像

对历代帝王的祭祀，在中国有着极为悠久的历史，根据陈平在《全国唯一的历代帝王庙》中的论述：

在相当于新石器时代晚期的古史传说时期，我国先民就已有了将本部族已故杰出领袖作为部族宗神来崇敬祭祀的习俗。炎帝、黄帝、蚩尤、少昊、颛顼、帝喾、尧、舜、禹等，就是这样的宗神。到夏、商、周三代，对历代帝王的祭祀，发展为"郊""禘""祖""宗"。春秋战国时期，中华大一统局面日益明朗，原先各部落的宗神也上升为被华夏子孙共同奉祀的上帝神王。于是产生了颛顼、黄帝、帝喾、尧、舜这样为天下所共祀的五帝。

明朝迁都北京后，对历代帝王的祭祀或在南京进行，或在北京郊区和故宫文华殿进行。明嘉靖九年（1530年），决定在北京阜成门内原保安寺兴建历代帝王庙。清朝入主中原后，南京历代帝王庙被废弃，北京历代帝王庙成为全国唯一祭祀历代帝王的场所。清顺治二年（1645年），规定历代帝王庙祭祀的规格，春秋仲月诹吉遣官致祭，属中祀之列。若皇帝亲临历代帝王庙祭拜，一上香；若遣官致祭要在三皇神位前三上香。清顺治年间，顺治帝又增祀辽太祖、金太祖、金世宗、元太祖、明太祖五帝，增许远、张巡、斛罗、斡里不、伯颜、粘没忽、木华黎、徐达、刘基等从祀。顺治帝在位期间，历代帝王庙中祭祀人物达到62位。相较之下，明代历代帝王庙所祀帝王，每朝不过一二人，大都是创业之君；从祀之臣，也仅为开国之臣。尽管相比明代而言，清顺治时期历代帝王庙祭祀君主已经增加了许多，但康熙帝仍然感到不够完善。于是在清康熙六十一年（1722年），进一步放宽入祀帝王标准，"应将凡曾在位，除无道被弑亡国之主外，尽宣入庙崇祀""其历代配飨功臣，有治安之世辅佐有功者，应增加增补"。康熙帝的谕旨表明，他已经完全超越了民族界限，能够很理性地看待前代帝王。雍正遵照这一遗旨，大幅度地增加了历代帝王庙供奉的

清康熙皇帝像

神位:从祀的功臣原来只有39位,雍正增加了40位,总数达79位。乾隆年间,不但出内帑重新修葺庙宇,而且再次增加入祀的人数。清乾隆四十九年(1784年),乾隆帝在翻阅《四库全书》内《大清通礼》所列庙祀时,"有所弗惬于心"。他认为,帝王庙,未祀东晋、西晋、前后五代的帝王,不符合康熙增祀帝王的谕旨,当时诸臣未能仰体圣怀。谕旨中指出:"中华统绪,不绝如线。""东西晋、前后五代数百年间,创守各主,祀典缺如,何以协千秋公论?""今《通礼》内崇祀辽金而不入东西晋、前后五代,似此

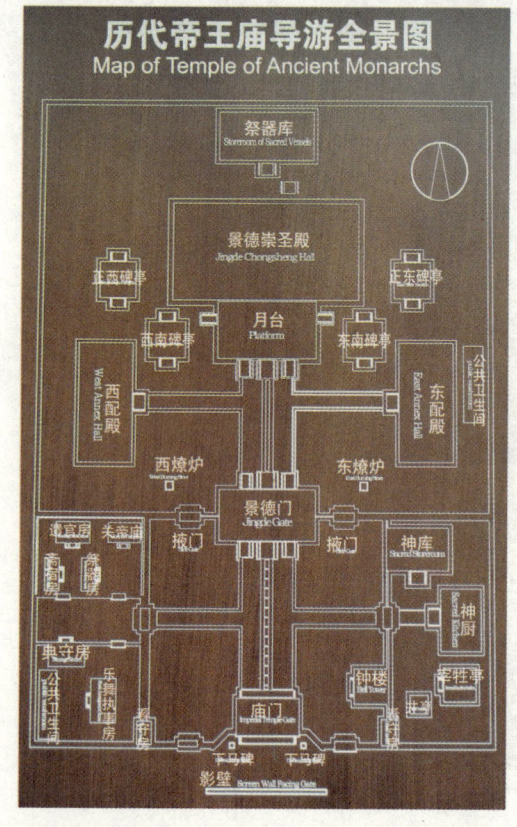

历代帝王庙导游
全景图

互相入主出奴，伊于何底？是皆议礼诸臣有怀偏见，明使后世臆说之徒谓本朝于历代帝王未免区分南北，意存轩轾。"他谕令大学士九卿悉心详议，最后决定在历代帝王庙增祀东晋、西晋、前后五代的帝王共23位以及唐宪宗和金哀宗，总计25位。经过这次补充，从三皇五帝到明代，每一代都有一位或多位帝王的神位被供奉在庙中了。乾隆还专门为增祀事写了一篇记，其中讲道："夫天下者，天下人之天下，非南北中外所得私。舜东夷，文王西夷，岂可以东西别之乎也？"肯定了各民族对中华多民族统一国家做出的贡献。经过这两次增祀，历代帝王庙中祭祀的君主有188位，从祀的功臣名将79位。清雍正七年（1729年）和清乾隆二十九年（1764年），两次重修历代帝王庙，并于清乾隆二十九年（1764年）将正殿改易为黄瓦。至此，历代帝王庙的规制、祭祀、礼制达到成熟的阶段。

现存的历代帝王庙中轴线上的建筑依次有影壁、庙门、景德门、景德崇圣殿等。

庙门对门的路南大影壁，绿琉璃瓦歇山顶，硬山调大脊，东西长32.4米，南北宽1.35米，高约5.6米。始建于明嘉靖九年（1530年），为明代结构。影壁正中原有琉璃团花砖雕装饰，四角也饰有砖雕角花，"文化大革命"期间均遭严重破坏，并以石灰浆面封盖。原绿琉璃瓦顶在中华人民共和国成立后大多脱落，1990年亚运会前对影壁进行修整。1999年，影壁正中由6朵黄色牡丹组成的琉璃团花已按明代旧制重造并装好，影壁恢复原貌。

庙门为黑琉璃筒瓦绿剪边单檐歇山顶，始建于明嘉靖九年

影壁

（1530年），面阔3间15.6米，进深9.5米，庙门两侧为八字墙，中有云山纹御路。按照礼制，北京历代帝王庙是祭祀性质的场所，琉璃瓦应当用黑色的，但它又是皇家庙宇，所以正殿、碑亭用的琉璃瓦是黄色的，而庙门等其他建筑则用黑琉璃瓦绿剪边。1994年曾对庙门进行挑顶大修，发现庙门也是明代遗物，清代修缮时并没有拆掉重建，非常难得。庙门前后一出陛，在形制上属"两阶一路"，即中间是斜道又称斜阶，斜面上刻有云山纹饰，两旁的阶级又称踏道。因为斜道是皇帝专用，所以也被称为御道。

据《大清会典》记载，庙门前"正中石梁三，梁南护以朱栅，东西夹墙各一，东西向。左右下马石碑各一"。现"石梁三"（3座汉白玉旱石桥）与"东西

影壁正中琉璃团花

夹墙"已被拆除。"左右下马石碑"（乾隆之际将木牌换成了石碑）用满、蒙古、汉、藏、回、托忒等6种文字镌刻"官员人等至此下马"，以示对历代帝王的尊敬。左侧下马碑阳为满、汉、蒙古文，右侧下马碑阳为托忒、回、藏文。在"文化大革命"中，石碑被砸碎就地挖坑掩埋，底座仍在。1999年10月，这两座下马碑被有关部门掘出，按原貌复立起来。庙前街的东、西两侧，原有琉璃瓦重檐三门彩绘"景德街"木牌楼两座，也是明代结构，清代曾屡加修缮，1954

下马碑

现存于首都博物馆的"景德街"木牌楼

年拓宽马路时被拆除，著名的京师奇观"阜成落照"也随之成为历史的记忆，木牌楼现立于首都博物馆一楼大厅。

进庙门后为前庭院落，院落两侧以朱垣围成东、西两院。东院，《大清会典》绘记有神库、神厨、宰牲亭、井亭。井亭始建于明嘉靖九年（1530年），专用于清洗牺牲和调制祭祀羹汤。屋面为盝顶，中心镂空，与井口相对，为天地一气之意。宰牲亭始建于明嘉靖九年（1530年），重檐歇山顶，是宰杀牺牲的场所，也称打牲亭。内有石槽，为洗涤祭品之用。神库始建于明嘉靖九年（1530年），硬山顶，面阔3间，进深1间，祭祀供品存放场所，现为三皇五帝与百家姓、传薪交融展览厅。神厨始建于明嘉靖九年（1530年），硬山顶，面阔3间，进深1间，为祭祀供品制作场所，现为三皇五帝与百家姓、寻根问祖展览厅。神库、神厨、宰牲亭均于1997年重修。

百家姓展览

关帝庙院内

　　西院，明代嘉靖年间曾建有房屋，清代乾隆后期进行过较大的改建。在院门西侧建东西向朱垣，将西院分割为南北两个院落。南院内有乐舞执事房5间，进深1间，是主管祭祀乐舞官员办公场所，2003年复建。其西建北向典守房3间，进深1间，带前廊，为看守官员办公场所，2003年复建。北院南墙开东西二门，西门内，建遣官房3间，其西又建斋宿房5间。东门内，建南向关帝庙一座，在关帝庙西侧建东向祭器库5间。关帝庙为清代增建，硬山顶，面阔3间，进深1间，带前廊，用于专门祭祀关羽，为历代帝王庙中特有的"庙中庙"，2003年复建。关帝庙外有一联：浩气丹心万古忠诚昭日月，佑民福国千秋俎豆永河山。内有一联：功高当世允文允武，德被生民乃圣乃神，横批：神勇。院内西侧祭器库现为关羽身首魂尊专题展。历代帝王庙是明清两朝祭祀三皇五帝、历代帝王和功臣名将的一座皇家庙宇，庙中为关羽单独建关

关帝庙

帝庙祭祀,这是关羽崇拜发展到清代最鼎盛时期的最高礼遇,所以关帝庙也有"位尊帝王庙"之说。

前庭院东南与西南两角,据《大清会典》绘记,建有看守房各3间。从《古今图书集成》礼仪典第206卷所附《历代帝王庙图》看,清雍正时庭院东侧已有钟楼一座,始建于明嘉靖九年(1530年),重檐歇山顶,悬挂祭祀朝钟,现楼内悬挂2004年仿明嘉靖时期的旧钟而制的"金镛"。庭院西侧却没有与钟楼相对称的鼓楼,这与其他庙宇对称的钟鼓楼完全不同。据说有钟无鼓乃是帝王寝庙的通制,明、清诸帝陵寝殿前都是如此。

院落北部为景德崇圣门,面阔5间26.6米,进深14.8米,建于崇基石栏上,四周绕以汉白玉石护栏,前后三出陛,中为云山纹御路。屋面为黑琉璃筒瓦绿剪边,歇山顶调大脊,平身科为单昂三踩斗栱,绘有旋子彩画。景德崇圣门原本叫景德门,"崇圣"二字是乾隆皇帝后加上去的,用以表明他不忘祖业,尊崇先代帝王的圣德。景德崇圣门按照朝廷的礼制,平常必须紧锁,唯有当朝皇帝来历代帝王庙亲祭历代帝王时才能打开,它是专供皇帝出入的。景德崇圣门两侧各有一角门通往中院。这两座角门叫掖门,

景德崇圣门

也是黑琉璃筒瓦绿剪边歇山顶调大脊。掖门是在皇帝亲祭时供大臣们出入的。倘若皇帝遣官致祭，也走掖门。

进景德崇圣门向北，是历代帝王庙里最大的院落。院落正中，是历代帝王庙的主体建筑——景德崇圣殿。景德崇圣殿前摆放着4具鼎炉；东西两侧，建有4座御碑亭。景德崇圣殿两侧，还建有7间配殿，东西各一座，配殿一出陛，八级。东配殿始建于明嘉靖九年（1530年），单檐歇山顶，面阔7间，进深1间，前出廊，为历代文臣武将的从祀场所。清雍正时期，殿内供奉40人的牌位。东配殿南，有绿色琉璃燎炉一座，用于焚烧祭祀历代帝王的祝文、神帛等，2004年复建。西配殿规制与东配殿相同，殿南有砖燎炉一座，用于焚烧祭祀历代文臣武将的祝文等，2004年复建。

景德崇圣殿周边的"开胃菜"都如此精致动人，景德崇圣殿这道"大菜"一定不会让您失望！景德崇圣殿之名，寓意为"景仰德政，崇尚圣贤"。它的建筑，无论在形制上，还是在柱、梁、瓦、彩画等方面,都显示出皇家建筑的尊贵与气派,属最高规制,只有宫殿、陵寝和皇家御用的建筑才能使用。景德崇圣殿建于高大的台基上,面阔9间(51米),进深5间(27米),象征天子的"九五之尊"。屋顶是重檐庑殿式,瓦是黄色琉璃筒瓦,彩画是金龙和玺,殿内柱子由60根楠木组成。这60根通高的楠木柱都是明嘉靖年间建造时的旧物,近500年来未曾换过一根。殿内大柱有一副楹联"治统溯钦承,法戒兼资,洵哉古可为鉴;政经崇秩祀,实枚式焕,穆矣神其孔安",横额为"报功观德",都是乾隆御笔亲题。殿内分7个神龛位,总共供奉188名历代帝王的牌位。历代帝王庙原有的牌位,据说是雍正帝亲手所书,是十分珍贵的文物。神牌按礼制以松柏木为原料,高二尺五寸、宽五寸、底座高

景德崇圣殿前鼎炉

景德崇圣殿

五寸,漆红,金字。因为景德崇圣殿基本保留明代创建时的结构,所以建筑价值和文物价值极高。

景德崇圣殿后为祭器库,始建于明嘉靖九年(1530年),单檐歇山顶,面阔5间,进深1间,原为存放祭祀物品场所,2003年复建。

清朝灭亡,民国建立后,历代帝王庙奉祀停止,逐渐败落,神牌遗失,祭器不存,但是正殿仍供有七大神龛。1931年,曾出任北洋政府总理的著名教育家、慈善家和社会活动家熊希龄先生与著名的教育家陶行知先生创办香山慈幼院实验学校,即借用历代帝王庙庙址办学。至中华人民共和国成立后,学校改为北京市第三女子中学,"文化大革命"期间取消男女分校,更名为北京第一五九中学。一直到2003年1月北京第一五九中学搬迁,

祭器库

历代帝王庙结束了学校教学办公的命运。在这期间，历代帝王庙中所有的木制牌位曾被学生开会时当作小板凳，后来全部遗失。2000年历代帝王庙修缮工程启动时，西城区政府曾悬赏50万元征集牌位和祭器原物，但一无所获。

　　历代帝王庙之所以能成为国家重点文物保护单位，不仅因为它的历史文化价值，而且还在于它留存了相当多的明代建筑原构以及清代修缮的珍贵遗迹。有专家如此形容历代帝王庙："骨架是明代的，衣服是清代的。"根据多年来的实地考察和对相关文献记载的研究，众多专家指出：庙内的景德崇圣殿、景德崇圣门、东西配殿、庙门、东跨院里的神厨、神库、宰牲亭以及庙前的照壁，都是明嘉靖年间始建时的原构。此外，从斗栱、天花、彩画诸方面看，历代帝王庙也留存有明代建筑结构的遗迹。唯愿这样一座深涵历史文化价值、具备高超建筑技艺的历代帝王庙能够历久弥新、代代相传！

大高玄殿

位于西城区景山前街北侧（景山西街 23 号），又称大高殿或大高元殿，是一座明、清两代皇家御用道观。因大高玄殿临街的大门是并排的三座门，故此地又俗称"三座门"，与紫禁城西北角楼隔街相望。大高玄殿始建于明嘉靖二十一年（1542年），后多有修缮，是明、清两代规格最高的皇家道观。

大高玄殿的历史，应追溯到明代的"道士"皇帝明世宗朱厚熜，即明嘉靖帝。因自小受其父兴献王朱祐杬信奉道教的影响，对道教斋醮产生兴趣。以外藩身份入承大统后，更加痴迷于道教法术，为自己上了"太上大罗天仙紫极长生圣智灵统元证应玉虚总掌五雷大真人元都境万寿帝君"等道号。他曾召龙虎山上清宫道士邵

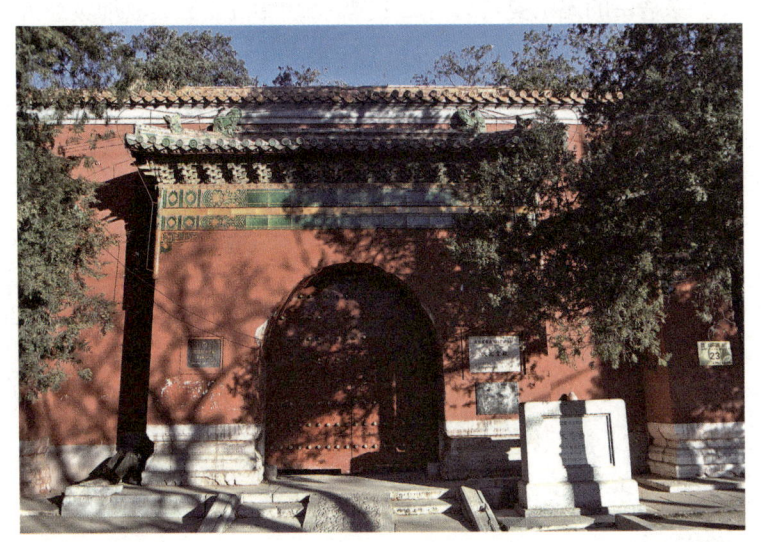

大高玄殿正门

元节来京，命管朝天、显灵、灵济诸道观，又以祈求子嗣有功，加授礼部尚书。

明嘉靖十八年（1539年），深受嘉靖帝宠信的道士邵元节病逝。同年九月，邵元节生前向嘉靖帝推荐的道士陶仲文被嘉靖帝封为"神霄保国弘烈宣教振法通真忠孝秉一真人"。明嘉靖十九年（1540年）十月，太子出天花，陶仲文奉命祈祷上玄以为太子祛病，不久太子病愈。陶仲文由此更获嘉靖帝宠信，成为继邵元节之后又一位深受皇帝宠信的道士。正是在陶仲文的鼓动和建议下，明嘉靖二十一年（1542年）四月，大高玄殿在京城得以建成。工程由郭文英主持修建，时人谓其"工费以亿万计，土木衣文绣，匠作班朱紫，道流所居拟于宫禁"，其木料远自四川、湖广等地，成为明代道教与皇权紧密结合的代表性产物。

嘉靖帝的宠臣夏言有诗曰："炉香缥缈高玄殿，宫烛荧煌太乙坛。"形象地描绘了嘉靖帝和大臣们在大高玄殿日夜斋醮的景象。明朝西苑的众多道观中，大高玄殿的地位尊贵，供奉玉皇大帝及三清（玉清、上清、太清）像，嘉靖帝"有祷必至"，使其备受荣宠。大高玄殿中的"象一宫"供奉的"象一帝君"，"范金为之，高尺许，明世宗玄修玉容也"，即按嘉靖帝的相貌制作。

明嘉靖皇帝像

明嘉靖二十一年（1542年）十月，一些宫女发动了壬寅宫变。嘉靖帝侥幸生还。事后，嘉靖帝搬出皇宫，到西苑的万寿宫居住，并在万寿宫崇道炼丹。明嘉靖二十六年（1547年），大高玄殿毁于火。明嘉靖四十五年（1566年），朱厚熜驾崩。此后不到一个月，他修建的大多数道观均遭毁弃，直到明万历二十八年（1600年）才重修。大高玄殿虽获保存，但再无过去兴盛时"炉香缥缈"的景象。

清朝皇帝最初信奉萨满教，顺治帝入关后又信奉佛教，并重视儒学，而对道教的信仰则远逊于明朝，但也并未排斥。清朝皇帝每逢初一、十五照例要到大高玄殿拈香行礼。特别是逢大旱或大涝，皇帝均要在此进行祭天祈雨等活动。

清康熙年间，大高玄殿因避康熙帝玄烨的名讳，而改称"大高元殿"，后又更名为"大高殿"，专门举办各种道场。清宫档案记载，大高玄殿先后在清雍正八年（1730年）、清乾隆十一年（1746年）、清嘉庆二十三年（1818年）进行大规模重修。

大高玄殿遭受的最大的破坏，发生在八国联军侵占北京时期。清宫档案记载，法军占领大高玄殿10个多月，大高玄殿的建筑和陈设文物遭到严重破坏及掠夺。清光绪二十七年（1901年），清廷令张百熙等主持修复大高玄殿。张百熙派员考察了大高玄殿后，预计两个月内完成修复，但因经费困难，直到清光绪二十九年（1903年）一月才草率竣工。过了几年，大高玄殿建筑便险情频发，部分殿宇发生漏雨潮湿的情况，而清廷当时已经无力维修。

大高玄殿坐北朝南，有大高玄门、东西配殿、大高玄殿、九

大高玄殿西牌楼，正面匾额"弘佑天民"，远处为东牌楼

天应元雷坛等。正门外，原有东、西木阁及3座牌楼。东、西牌楼及木阁建于明朝，东、西牌楼上的题字相传为严嵩手迹。清雍正八年（1730年）重修大高玄殿，并在东、西木阁之间偏南处增建一座南牌楼。1920年，南牌楼因糟朽倾斜而遭到拆除，后于1937年重建。1955年，东、西牌楼拆除。1956年拓宽景山前街时，南牌楼与两座木阁均拆除。1960年，以东、西牌楼的构件拼装组成的"弘佑天民"牌楼在北京西郊中共中央党校的庭院内重新竖立，保存至今。当时因构件残缺，仅复建起这一座牌楼，而且由原来的四柱三间九楼改为四柱三间七楼。南牌楼的"乾元资始"石匾则流落到月坛公园，成为树林中摆放的石桌的桌面。2004年，南牌楼在大高玄殿门前的筒子河北岸重建，并将"乾元资始"石匾从月坛公园找回，安装在该牌楼上归其原位，另新

大高玄殿南牌楼
南面

刻额匾"大德曰生"镶嵌于牌楼北额处。

大高玄殿的牌坊采用粗大的楠木立柱，柱脚埋入地下很深，故未用戗柱，所以老北京有歇后语："大高玄殿的牌坊——无依无靠。"

牌楼及木阁，原来均被围墙包围，东、西牌楼之外的围墙上，

大高玄殿东牌楼及东侧木阁"阳真阁"

均设有3座门，通向门外的道路。围墙也早已被拆除。

木阁：位于东、西牌楼之间，两座，东称"阳真阁"，西称"阴灵轩"。构造独特，为五花阁式，三重檐，歇山顶十字脊，结构类似故宫角楼，但更为精美。

牌楼：三座牌楼均为四柱三间九楼，正中嵌有汉白玉石匾，上刻题字。

南牌楼：正面（南面）为"乾元资始"，背面（北面）为"大德曰生"。

东牌楼：正面（东面）为"孔绥皇祚"，背面（西面）为"先天明镜"。

西牌楼：正面（西面）为"弘佑天民"，背面（东面）为"太极仙林"。

大高玄殿南牌楼北面

主体建筑：

大门：大高玄殿正南为3座琉璃随墙门，正门题额为"始清道境"。

大高玄门：入琉璃随墙门，为过厅式的大高玄门，3间单檐歇山顶，左右各有偏门一座，名为黄华门和苍精门。门前原有旗杆，现仅存基座。

大高玄殿：面阔7间，黄琉璃瓦重檐庑殿顶，前有月台，左右配殿各5间，东西分别为阐玄殿、演奥殿。

钟楼、鼓楼：大高玄门后两旁有钟鼓楼，各高两层，单檐歇山顶。

九天应元雷坛（九天万法雷坛）：后殿面阔5间，单檐庑殿顶，绿琉璃瓦黄剪边，左右配殿各9间，分别为天乙之殿、涌明之殿。

乾元阁、坤贞宇：最后一进建筑为乾元阁和坤贞宇。上层为象征天圆地方的乾元阁，造型与天坛祈年殿相似，圆攒尖屋顶，覆以蓝琉璃瓦，象征天；下层为坤贞宇，方形，覆以黄琉璃瓦，象征地。内部彩绘及藻井十分精美，堪称一绝，极具文化价值。乾元阁供奉玉皇大帝。殿前左右配5开间的伏魔殿、北极殿。

大高玄殿已有100多年未经过大规模修缮，彩绘和门窗几乎都是清末最后一次修复时的原件。这样"原汁原味"保存清代建筑特色的黄琉璃瓦重檐庑殿顶，在北京甚至整个中国都罕见。1950年后，大高玄殿被有关部门征用为办公用房，破败不断加重。直到1996年，大高玄殿被列为全国重点文物保护单位。此后郑孝燮、罗哲文等文物保护专家不断呼吁对大高玄殿进行腾退修缮，早日对社会开放。2010年6月,故宫与大高玄殿占用部门签订了移交协议,于2013年正式移交给故宫博物院。

大慈延福宫建筑遗存

位于东城区朝阳门内大街223号,俗称"三官庙",是一座道教建筑。

相传是元代太庙遗址,明成化十七年(1481年)敕建,第二年落成。其位置在东四牌楼以东,朝阳门内大街路北。庙内主祀三官,即天官、地官和水官三神,故俗称"三官庙"。该庙建成之后,明宪宗曾撰碑文,记述建庙缘由与该庙的建筑规制。明正德十一年(1516年),明武宗赐封该庙住持严天容为真人,"领

大慈延福宫建筑遗存

道教事"。可见当时大慈延福宫受到皇室重视，地位非同一般。

明清时期，北京城内外的众多三官庙中，数大慈延福宫规模最大。全庙由正院和东道院组成。整体布局严整，气势雄伟。沿中轴线由南向北，依次排列着山门、大慈延福殿等主体建筑。山门为7间，黑琉璃瓦歇山调大脊硬山顶，绿剪边。进入山门，钟楼和鼓楼分立东、西两侧。再往北，有大殿3间。穿过此殿，就是主殿大慈延福殿了。此殿面阔5间，四面带廊，后面有虎尾抱厦，这在一般古建中是比较少见的。大慈延福殿前后左右各有一座碑亭。西配殿叫作法善殿，东配殿称葆真殿，都是黑琉璃瓦顶。最后一进院落形制更为特殊，3座殿宇并排而建：中为紫微殿，面阔5间，左右各带1间耳房，西侧为清华殿，东边是青殿，面阔均在3间，共11间，均为黑琉璃瓦歇山调大脊硬山顶。它们既独立又连属，不仅使院落显得格外开阔，而且突出了主体建筑的恢宏气势。东道院共有3座殿宇，由南向北分立。前殿早已拆除，无从考证。中殿为通明殿，面阔3间。后殿是延座宝殿。这两座殿均为黑琉璃瓦歇山调大脊顶。此外，民间曾流传说大慈延福宫内有一眼井，"分甘苦两味。甘者味甚清冽，苦者涩苦难食，故曰一井二水"，今已湮没不可考。各殿内原均有壁画、藻井和极高大的木制佛像。

根据庙内碑文记载，大慈延福宫有过两次较大规模的修缮。一次是明嘉靖四年（1525年），礼部尚书兼翰林院学士徐阶曾撰写碑文加以记述："大慈延福宫者，宪祖纯皇帝之所建，而国家岁时祈禳报谢之所。其所祀曰三元三大帝，盖天地水□□赐福赦罪解厄之神也。嘉靖己酉，宫之建至六十七甲子矣。丹青金口之剥落暗昧……真人陶仲文以上赐金与所度道士楮价，葺而新之。始于三月十日，至七月讫工。"从碑文内容及工程起讫时间上看，这次修缮属一般性建筑修补。但是我们却能从"宪皇始作规制雄，涂金琢玉辉霓虹"的文字中看出重整后的大慈延福宫金碧辉煌的雄伟气势。

但是明末到清乾隆初年，大慈延福宫已经全然没有了香火。民间传说，明朝末年，李自成领导的农民起义军进逼京畿，崇祯皇帝朱由检惊恐万状，到大慈延福宫求助神灵，抽签以卜凶吉。但是连求三签，内容皆为不利。崇祯皇帝气急败坏，即发口谕：此庙永远不得香火！不久，起义军攻入京城。大明王朝覆灭的事实深深地印在人们的头脑中，由此认为这个庙不吉利，以至于香火断绝。清朝定鼎北京以后，曾"聚满汉子弟，教学于斯"。

另一次大的修缮是在清乾隆三十六年（1771年），由皇室出资对大慈延福宫进行了为期一年的修复。据碑文载"以乾隆庚寅嘉平即工，阅辛卯月辰载浃用底厥成，若值若盼，支内帑之羡所司请为记"。自此，大慈延福宫重新有了香火，每年元旦期间，大慈延福宫庙会在庙前举办，庙前临街聚集了不少估衣摊，因此这条街被称作"估衣街"。民国时期，大慈延福宫前修筑道路，庙会改在庙旁举办。

自20世纪50年代起，先后有两个单位在大慈延福宫旧址建办公楼，所以大慈延福宫的大部分建筑遭到拆除，石碑也无留存，仅余东院的通明殿、延座宝殿及部分西房。殿顶的神龛及藻井保存完整，雕刻精细，除龙头有损外，大部分保存完好。1998年，占用单位先后重修了后殿延座宝殿、中殿通明殿。1990年2月23日，北京市人民政府将"大慈延福宫建筑遗存"公布为北京市文物保护单位。

当初拆除大慈延福宫的时候，宫内尚存有天、地、水三官坐像及文、武侍臣立像12尊，被移入作为北京市文物局仓库的智化寺内。这些神像均为金丝楠木雕刻，妆銮，沥粉贴金。服饰为明代式样，衣带纹饰生动。每尊神像腹内都装有棉帛制作的脏器，并有《九天应元雷声普化天尊说王枢宝经等经》等数百卷。后来因修复智化寺，遂将神像移至朝阳门外东岳庙，陈列在育德殿内。

宗室旧居

恒亲王府

据《宸垣识略》记载，"恒亲王府在朝内烧酒胡同"，今仓南胡同，朝阳门内大街55号，坐北朝南。

始封王系清圣祖康熙第五子允祺，于清康熙四十八年（1709年）被封为恒亲王后建造了恒亲王府。嘉庆时，允祺后人爵位递降至镇国公，无权再住王府，改迁他处，嘉庆帝遂将此府赐给第三子

恒亲王府现存大门

淳亲王绵恺，恒亲王府则改为淳亲王府。因为绵恺无嗣，就以道光帝第五子奕𪗢为绵恺的嗣子，并于清道光二十六年（1846年）承袭淳亲王爵位，因而人称"五爷府"。后来淳亲王府家道败落，其子孙便将院落分割出售。

民国时期，已无该王府记载，以致长期以来，文保部门都以为恒亲王府消失了。现存的2400平方米的两进院落只是原王府的祠堂部分，正房加东西厢房共计20间，面积还不足原来的1/6。这座院落东、西两侧高大的灰砖院墙基本保存完好，王府现存建筑被高楼包围，北面仅一墙之隔是居民小区，东面是高档写字楼，东南面是新闻出版信息中心大厦。

恒亲王府是"北京市文物保护计划"抢救的首个王府。恒亲王府一直在朝内大街林立的高楼间藏匿着，很少有人知道。中华人民共和国成立后，恒亲王府一直被56户居民占用，私搭乱建，变成了一个大杂院，破败不堪，除留有一人宽的过道进出外，其余面积全部被私搭的小房占满。2001年底，东四地区进行危旧房拆迁改造，北京文物局的工作人员按规定对拆迁区域进行文物普查和登记工作时看到，该院高大的院墙和考究的建筑布局以及一些残存的彩绘，不符合一般四合院的建筑规制。文物工作者翻

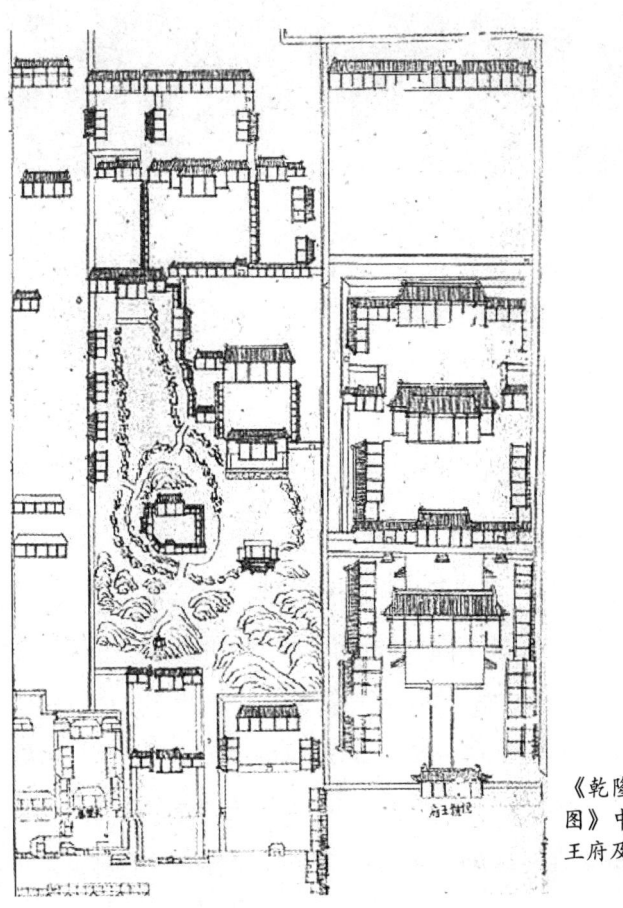

《乾隆京城全图》中的恒亲王府及周边

恒亲王府现存院落

阅乾隆时期绘制的《乾隆京城全图》才发现这个险些被拆掉的两进院落就是恒亲王府的一部分。

  清王府的建造格局在《大清会典》中有明确规定。北京的王府一般都坐北朝南，东西路可自由配置，中路一律相同，主要有府门（又称宫门）、照壁、正殿、后殿、神殿、后楼、家庙等。在《乾隆京城全图》中，此府后院建筑包括二进院落，前院有内门3间，东西转角房，东、西配殿各5间，正殿7间带5间前抱厦。后院由正房，东、西附院，7间后罩房和东、西转角房围合而成。王府原本分为中、东、西3路，规制严整。2004年北京市政府拨款全面修缮，修缮工程长达一年，修复面积为882平方米。修复工程拆除了王府内的自建房64间，保留了府内原有建筑20间。修复过程按照《乾隆京城全图》中恒亲王府的规模进行施工，并秉承"修旧如旧"的原则进行细节的修整，使用土木结构、屋面防水、室外铺设清代条形砖、吊顶藻井，整个工程均采用中国传统工艺。

恒亲王府有一个奇特的现象，夏季无论雨水多大，院中地面都没有积水，以前在这里生活的居民都对此迷惑不解。这次文保部门在复建过程中破解了这一奇特现象：建筑工人在埋设地下管道时，在院子正中的地下发现一个大坑，坑内紧密排列着400多个无底的酒坛子，经文物工作人员查阅资料得知，原来这是古代有助于雨水回灌地下的"渗井"。

2005年11月，恒亲王府修缮工程的土木结构、屋面防水、吊顶藻井及园林绿化等全部完工。恒亲王府重现昔日风采，四周被高楼大厦环绕的五爷府，修缮后流光溢彩、古色古香。

孚王府

京城的王府，恭王府的知名度最高，之后便是什刹海畔的醇亲王府。其实，在这朝阳门内大街边有一座孚王府，是北京第二座被列为国家重点文物保护单位的王府。

孚王府，位于朝阳门内大街137号，原为怡亲王府。王府坐北朝南，原占地面积约6万平方米，南临朝内大街，北至东四三条，东接朝阳门北小街。外垣街门原开在北小街路西，故旧籍多载府在北小街。

首任怡亲王，是雍正皇帝的十三弟胤祥。雍正继位时，遭到诸多兄弟的反对,唯有十三弟胤祥对他拥戴效忠。雍正皇帝封胤祥为怡亲王,并赐银13万两为他在王府井以东建造王府。胤祥在治理京郊水利和办理西北军务时贡献很大,雍正皇帝给了他优厚的回报,增发他每年俸银万两,扩充他王府仪仗一倍,还赐给他亲笔题写的"忠敬诚直勤慎廉明"匾额,以表彰他的功绩。

清雍正八年(1730年),怡亲王胤祥去世后,依据他捐府为寺的愿望将怡亲王府改建成贤良寺以示纪念,又在朝阳门内大街为继承他王位的儿子弘晓另建了一座新的怡亲王府。为和旧府有别,称此处为怡亲王新府。《宸垣识略》载:"贤良寺在东安门外帅府胡同,清雍正十二年(1734年)建,本怡亲王故邸。舍第为寺,赐名贤良。"《啸亭续录》卷四也载:"怡亲王旧府在煤炸胡同,今为贤良寺,新府在朝阳门北小街。"

第六任怡亲王载垣,在清咸丰年间颇受重用,做了领侍卫内大臣这样的正一品武职高官。

清咸丰十一年(1861年)八月二十二日,咸丰皇帝死于热河行宫,由6岁的独生子载淳继承皇位,并委任怡亲王载垣、郑亲王端华、端华之弟肃顺等8人为赞襄政务大臣,辅佐幼主。

怡亲王载垣等八大臣与小皇帝的母亲慈禧太后在争夺权力中产生矛盾,慈禧太后联合咸丰的六弟恭亲王奕䜣等人,在返回北京的第二天,即清咸丰十一年(1861年)十一月二日发动了宫廷政变,将八大臣全部撤职查办,十一月八日,慈禧太后以小皇帝的名义宣判,将肃顺在菜市口斩首,让载垣和端华在宗人府监狱自尽,这就是近代史上著名的"祺祥政变",发生在旧历辛酉年,故称之为"辛酉政变"。怡亲王的爵位被撤销,怡亲王府也被朝廷收回。

咸丰皇帝排行第四,他初登皇位时,封6岁的九弟奕譞为孚郡王。到了清同治三年(1864年),奕譞已年满20岁,按制度应搬出皇宫,分给王府,朝廷就将收回后闲置的怡亲王府分配给奕譞,改称为孚王府,奕譞于清同治十一年(1872年)晋爵为孚亲王,因其排行第九,故此府又俗称"九爷府"。后继续由其后人贝勒载澍、贝子溥忻居住。

1927年,溥忻将府第售与张作霖的部下杨宇霆,杨宇霆被张学良处死后,王府成为北平大学女子文理学院校舍。日伪时期,这里是日本人的"偕行社"所在地。抗战胜利后,国民党特务机关"励志社"使用这个院落。1949年,"九爷府"由解放军接管后,陈云领导的中央财经委员会从狭小的东交民巷临时办公楼搬入"九爷府"。现为几家国有事业单位和居民使用。

孚王府的布局反映了清代王府的最典型的模式,由东、中、西三路组成,三路空间各有一条中轴线,形成对称格局。《乾隆京城全图》上绘有该府面貌,府邸跨越东四头条、二条两个胡同,后墙直抵北面的东四三条胡同。从图上看,中路为主要建筑,是举行重大仪式的场所。西路是以合院为主的建筑,应为居住区,东路则以排房为主,应为府库厨厩及执事之舍。其中中路保存最好,西路也基本保存着原有的主要建筑,东路则损毁比较严重,剩下的建筑已经不多。

中路是王府的核心所在,共有5进院落,其中轴线长达200

多米，规模宏大，气势非凡。自南而北依次建有南房（现改为街门）、府门、银安殿、后殿、寝殿、后罩楼，轴线两侧建有附属建筑。

南房面阔5间，明、次间的3间改为街门，采用硬山顶，覆灰瓦，上带正脊、吻兽和垂兽，是亲王府的大门规制。这座外门中间三门可以开启，但只有在重大仪典时才会打开，平时密闭。院子东西两侧各设"阿斯门"（据说"阿斯门"是满语"翅膀"的意思，在此表示位于两翼的门）各一座，均面阔5间，硬山顶调大脊，筒瓦屋面，装修改动严重，明间为过道。院落四周围以庑房。

院北为更高大的二门，面阔5间，是一座前后廊歇山顶建筑，屋顶带正脊兽件，覆盖着绿色琉璃瓦，二门前左右分设石狮子一只，东、西各带转角房6间，故此院在王府中俗称狮子院。

入门为第二进院，院内银安殿坐北朝南，面阔7间，前有丹墀，四周围以石护栏，歇山顶，绿琉璃瓦屋面。大殿是整个王府中最宏伟、地位最高的建筑，只用作举办重大典礼，殿前建有宽大的青白石月台1座，台上方砖铺砌。银安殿月台南面有高甬道与府

孚王府临街正门

孚王府中
轴线正门

门相连。院落东、西翼楼各1座,均为2层,面阔7间,所谓"翼楼"就是位于两翼的楼房,只有王府中才能采用。

大殿与内门之间为第三进院,是一个横向狭长的过渡性院落。

寝门又称内门,是中路空间的分界处,其北为后寝区域,与南面的仪典区域区分。寝门面阔5间,前后廊歇山顶,绿琉璃瓦屋面;门左右各带顺山房5间。后寝区中央有寝殿(又称神殿)7间,前后廊歇山顶,绿琉璃筒瓦屋面。殿前建有月台,月台的三面建垂带踏跺。寝殿是王爷和福晋的日常起居之处,在后寝区域占有核心地位。寝殿的东、西两侧建有顺山房各3间,东、西配殿各5间。寝殿之后为最后一进院落,有后罩楼7间,硬山顶调大脊,灰筒瓦屋面,带前廊,东、西两侧各建有转角房6间,硬山顶调大脊,灰筒瓦屋面。

西路为数进院落组合,是王府的居住区。原建筑院落前方的内门和大门无存。第一进院落正房5间,歇山顶,过垄脊筒瓦屋面,前后出廊。东、西配房各3间,均为硬山顶过垄脊。第二进

孚王府正殿

院正房5间，硬山顶过垄脊筒瓦屋面，前后廊。东、西配房各5间。第三进院正房5间，硬山顶，前出廊，左右各有一座5开间的顺山北房。第四进院正房5间，东、西各有顺山房7间和6间。这四进院落均有游廊贯穿相连，尺度小，布局紧凑，院落内空间形态也各不相同，颇有变化。

东路建筑临建情况较严重，中部保存北房5间。仅后部两进院落保存较完整。前一进院落正房3间，歇山顶过垄脊，筒瓦屋面，东、西配房各3间，硬山顶过垄脊，筒瓦屋面。南房5间，似乎为后改造。后罩房5间，硬山顶，灰筒瓦屋面。东路东部临街房数间，由于改建较多和临建遮挡，难以分辨旧貌。东路西部有东庑房若干间，均为硬山顶筒瓦屋面。此外，王府北部和中路多处保存有王府府墙和内宫墙，均为城砖糙砌，连檐通脊。

实地走访，从大慈延福宫向东约百米的距离，有一个挂着4块出版单位牌子的中式大门，这里面便是孚王府。挂着许多单位牌子的那座临街大门是民国时期建造的，并非王府正门。真正的王府大门在临街大门的后面。门前矗立的石狮足有两人多高，比天安门前的石狮还要高大。大门之内的院子正中，有两块标牌，标着"北京市重点文物保护单位"的那一块，下署"北京市革委会1979年8月21日公布"；另一块新些，是2001年这里被列为国家级文物保护单位时立的。它们后面，两个石狮子镇守着的才是原王府的外门，朱漆门扇上排列着纵九横七63颗门钉。

眼前的孚王府虽然外观陈旧，但仍保留着宏大的规制。其中

孚王府西跨院

孚王府
东跨院

中路被多家单位占用，保存最好。寂静的院落中，古木茂盛，墙上绿色琉璃瓦上的花纹仍清晰可见。东、西两路基本都是民宅，一个大杂院套着一个大杂院，各种房屋之间形成纵横交织的狭窄过道，犹如迷宫。西路基本保存着原有的主要建筑，抬头间还不时能发现古老的屋檐，东路则损毁最烈，原建残存无几，后罩楼旁的精致小院已无存。

总之，孚王府布局严谨规整，施工精良，殿宇、屋舍等级鲜明，建筑类型较多，空间变化丰富，堪称清代王府最典型的格式。它的平面与《大清会典》的规定基本契合，且与《乾隆京城全图》上的怡亲王府也比较接近，说明其布局仍保持着清代中期的原貌，是研究清代王府建筑的宝贵实例。

孚王府门前石狮子

美术馆东街 25 号院

美术馆后街是个歪脖子街道，短短 100 米要拐两个弯，这种格局明摆着是在躲避什么。所谓"东富西贵"，由于美术馆一带与神武门在一个纬度上，当年汇聚了大量权富之流，街道正是为深宅大院让路。美术馆东街 25 号就是这么一座三进老四合院。

此宅院约建于清代后期，原是慈禧侄女的私宅。民国初期被德国商人购得，抗日战争胜利后被吴信才购得，不久作为敌产没收。1958 年建美术馆时，占用了该宅西部的花园部分，只剩东半部住宅部分。1959 年至 1981 年杜聿明在此居住（中华人民共和国成立后，国民党将领杜聿明被释留京后，安置于此居住直至 1981 年逝世）。20 世纪 90 年代由卫生部使用。2004 年被公布为

美术馆东街25号院正门

保护范围及建设控制地带，保护范围为南起院落大门南墙，北至原有北围墙，东起原有东围墙，西至原有西围墙。

　　老北京级别最高的住宅是王府，其次是像25号院这样的高规格的四合院。该院坐北朝南，为三进四合院。第一进院有大门1间，倒座房5间，现被严重分割占用，过厅前东、西各有一上马石；过厅9间，前、后有廊。过厅后为垂花门，门两侧有石狮1对。门墩是双倍的，两对，气派非凡，靠里的一对是立式狮子，左右相望，卡住门柱；靠外的一对是巨形石鼓，汉白玉上雕满细腻的花纹。垂花门一角，两侧的花垂呈圆形，也满雕着缠枝花纹，而其他地方通常是用彩绘而非浮雕。花垂有两类，一类是圆形，"圆"是毛笔的笔头，文官所用；一类是方形，"方"是将印，武将所用。通过垂花门的这一细节，可以看出主人的非凡地位。二进院正房3间，左、右各有耳房3间，正房明间有一硬木雕花落

被分割的25号院一进院

25号院垂花门前的石狮子和石鼓 　25号院汉白玉石鼓上雕满花纹

25号院垂花门

25号院垂花门两侧的圆形花垂

地罩，中为月亮门（现为方形门），四周刻有梅、竹，东、西厢房各3间。顺西廊往北，进月亮门为第三进院落，正房5间，两侧各有耳房1间。

寻访之际，长住于此的刘阿姨很感慨地讲述四合院这些年的变化，大门原为木门，现在改为铁门。一进院添建房屋密集，原貌尽失。二进院月亮门于1976年唐山大地震中毁坏，无奈匠工难以复原月亮门原状，只得改建为方形门，可见古代建筑扎实、精湛。房顶屋瓦原有飞檐，很漂亮，在"文化大革命"时都被敲掉，而今只有整齐的一个切面残留……

该院规格较高，是京城四合院中的典型。院内建筑保护较好，其中砖、木、石雕颇具特色。2001年3月8日公布为北京市文物保护单位。

25号院二进院正房

礼多罗贝勒府

位于西城区白塔寺以西约 100 米处,在阜成门内大街与宫门口头条胡同之间,现在是由两个门牌号的院落组成,南部入口的门牌是阜成门内大街 243 号,北部入口的门牌是宫门口头条 8 号。

这座府邸之所以被称为礼多罗贝勒府,是根据清人吴长元著《宸垣识略》中的记载:"礼多罗贝勒府在阜成门大街北。"清崇德元年(1636 年),代善因功被封为和硕兄礼亲王,是清初"八大铁帽子王"之首,爵位世袭罔替。清朝皇室爵位共分 12 级,分别是和硕亲王、多罗郡王、多罗贝勒、固山贝子、镇国公、辅国公、不入八分镇国公、不入八分辅国公、镇国将军、辅国将军、奉国将军、奉恩将军。顺治时确立袭封制度,亲王一子封亲王,

礼多罗贝勒府南门,阜成门内大街243号

礼多罗贝勒府北门，宫门口头条8号

余子封郡王。郡王一子封郡王，余子封贝勒。以此递降一等授封，至奉恩将军为止。因此，代善的后裔中，子孙众多，不可能都封为亲王，有的就被封为郡王或贝勒。礼多罗贝勒府的主人应是清太祖努尔哈赤次子爱新觉罗·代善的后人。

按照清朝王府建筑制度的规定，亲王府和郡王府规模很大，而贝勒府的规模则相对较小。贝勒府是"台基高六尺，正房一座、厢房两座，内门盖于台基上，用平常筒瓦，朱漆"。阜成门内大街路北的礼多罗贝勒府，实际规模比贝勒府的规制要大，基本上是一座两跨三进的四合院。院落长约100米，宽约70米，占地面积约8400平方米。东路分布着贝勒府的主体建筑，西路是附属建筑，有花园、假山。

东路建筑有三进院落，府门朝南，门两侧有八字影壁，平面呈八字形，又称撒山影壁。门楼屋顶是清水脊，屋脊两端有蝎子尾和平草砖。大门上有4颗门簪，门前有抱鼓石，刻有卷云、覆莲、蝙蝠等，非常精美。门楼内和院子的地面要比阜成门内大街的路面低1米，院内用普通砖铺地，雨天很容易积水。院内种有几株枣树和香椿树。东路建筑中第三进院落保存较好，也最能体现贝勒府建筑的特点。第三进院落空间比较大，院南居中有一座勾连搭屋顶的垂花门，上面有精美的木雕。门两侧各有一段院墙，左右对称，院墙顶覆瓦，墙上各开有3个形状不同的窗洞，分别是六边形、方胜纹形、五边形。垂花门和这两段院墙构造精美，装饰细腻，是保留下来的原来的建筑。正房与东厢房都已经过抗震翻建，立面门窗和砖墙的灰缝有所改变。西厢房保存较好，梁柱砖墙和门窗的木雕都非常精美，也保留了前廊与正房之间的游廊。院落以北则是贝勒府中的花园。

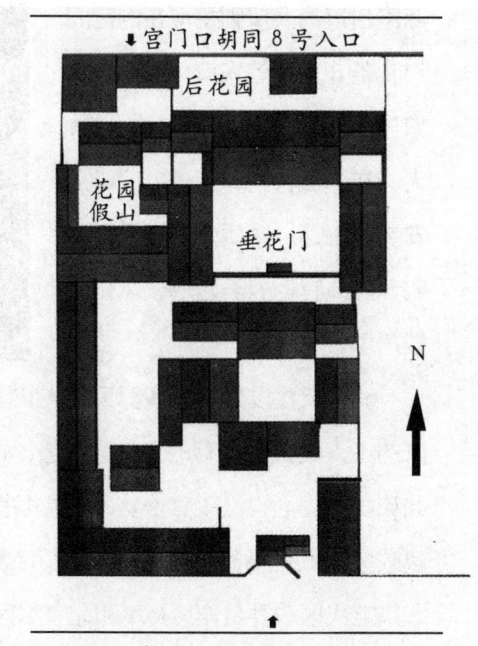

西路建筑也是由三进院落组成，据说院落内曾有假山园林。

礼多罗贝勒府平面示意图

西路建筑的入口则是现在的宫门口头条 8 号院的入口。现如今入口已经改造成一座二层的小楼，大门在一层，门口凹进，门口上安装有雨篷。木质大门还是原来的，门口有抱鼓石两块，风化比较严重。

精美门扣

清朝灭亡以后，礼多罗贝勒府的主人失去了原有的身份与待遇，丧失了经济来源。中华人民共和国成立后，没收官僚资本，礼多罗贝勒府几经易主之后，归属政务院机关事务管理局和华北军区营房部，曾为两位开国少将北京卫戍区政委黄作珍将军和北京军区政委萧文玖将军的居所。

2003 年，北京市将旧城现状条件较好、格局基本完整、建筑风格尚存、形成一定规模、具有保留价值的院落划定为"保护院落"，阜成门内大街 243 号是"西城区第 0052 号保护院落"。目前，礼多罗贝勒府为居民的私人住宅。

寺庙数珍

南豆芽清真寺

位于朝阳门内豆瓣胡同4号,坐东朝西。

据传,该寺始建于元代,主要建筑有寺门、礼拜殿及配房等。原寺门为一砖砌如意门,筒瓦过垄脊,门楣为伊斯兰式桃形栱,顶上有竿,饰以弯月,门对面有砖影壁,宽3.95米。寺门近年改建为3间,当心间上覆半圆穹顶,立面饰壁柱,贴釉面砖,门窗

南豆芽清真寺正门

南豆芽清真寺

上加桃形尖栱。入寺门为外院，正对垂花门1间，为双柱担梁式，筒瓦过垄脊，门两侧为瓦顶砖墙。礼拜殿面阔3间，前为抱厦，硬山筒瓦顶过垄脊；中为大殿，大式硬山筒瓦顶，过垄脊；后窑殿1间，方形四角攒尖顶。殿前南、北配房各3间，前出廊，为阿訇及待客房；北顺山房5间，为浴室，均为硬山合瓦顶，过垄脊。约建于清代中期。

民国时期，回民群众在寺内自办民众教育，1948年寺内成立

望月楼

穆慈小学，1949年后合并到南门仓小学。1979年重修大殿、望月楼及山门，装修会议室、阅览室等，成为设施较好的一座清真寺。

2003年，按照开发建设规划，该寺向西南迁移约100米，规模有所扩大，寺门改在西面。现仍为穆斯林礼拜场所。

东四清真寺

位于东城区东四南大街西侧13号。初建于元至正六年（1346年），明正统十二年（1447年）重修，为明代后军都督府都督同知陈友捐资创建。明景泰

东四清真寺正门

元年（1450年），景帝朱祁钰敕题为"清真寺"。明成化二十二年（1486年），添盖邦克楼，又称宣礼楼。这是一座二层方形攒尖顶建筑，铜宝顶高0.78米，直径0.61米，上铸阳文"成化丙午年造"（毁于清光绪末年）。明弘治十六年（1503年），孝宗向东四清真寺伊玛目玛颛颁赐扎副（委任状），扶位为第一任官任掌教。东四清真寺成为明代北京伊斯兰教四大官寺之一。

古寺分前、中、后三进院落，原为3间"封火式"，上书"清真寺"石额。清朝末年改为"王府式"3间，门两壁上镶有"清

东四清真寺前院

真古教"四字。大门正上方匾额为"清真寺"。从大门向里望去,一派肃穆庄严。门内甬路两侧是侧柏和古槐。前院有南、北两排房屋。步入二进院为南北过厅,东、西面各出自然走廊,屋檐下各开5个圆拱券门,过厅南北两侧为月华报社,过厅小跨院为一座垂花门,两侧为走廊;进入三进院,正西面是坐东朝西的礼拜殿,大殿南、北两侧为南北讲堂,大殿西南角楼有一栋二层小楼,为福德图书馆。整个院落庄严肃穆、深邃开阔。

礼拜殿为清真寺主体建筑,建筑面积为500平方米,坐东朝西,殿内雕梁画栋,金碧辉煌,可容纳500人同时做礼拜。大殿前部为木质结构,造型古朴,具有中国宫殿式建筑特点;殿内有12根直径约48厘米、高6.4米的沥粉贴金花卉大彩柱,中间3根横梁上绘有库法体(发源于伊拉克南部古城库法的一种阿拉伯文书法体)《古兰经》经文，字体刚劲端正；大殿最后部为窑殿3间，"垒壁为之，不用梁柱，中敞虚空"(明《使西域记》)，故又称无梁殿。窑殿正面3座拱门，上面饰以阿拉伯经文砖刻。大殿外设有南北讲室、沐浴室和图书馆。

寺院整个建筑具有浓郁的明代建筑特点，又兼有阿拉伯建筑装饰风格。该寺历来为北京伊斯兰教的宗教文化活动中心。1926年曾创办清真中学，1929年续办由山东济南迁北平的成达师范学校，1936年成立了北京第一座伊斯兰教图书馆——福德图书馆，1947年创办了北平伊斯兰经学院，还出版发行过《月华》和《回民大众》等伊斯兰学术文化刊物。该寺珍藏着很多有关伊斯兰教的图书文物，比如元延祐五年(1318年)的《古兰经》，为学者盛赞为伊斯兰教的"世界罕见珍品"；另有万历清真法明百字圣号碑、写有清真言的明碑、宣礼楼铜顶等。中华人民共和国成立后，人民政府先后两次拨款对该寺院进行大规模修缮。该寺现为中外穆斯林礼拜与节日会礼的场所。北京市伊斯兰教协会、北京伊斯兰教经学院均设在寺内。1984年，东四清真寺被列为北京市文物保护单位。

东四清真寺文物保护牌

广济寺

位于西城区阜成门内大街 25 号,是北京著名佛寺和中国佛教协会所在地,1983 年被定为全国重点寺院,2006 年被列为全国重点文物保护单位。

广济寺历史久远,金代中都(今北京)北郊的西刘村寺是其前身,后来惨遭金、元兵燹毁于战火,明朝在原址重新修建。广济寺之所以能够成为北京著名的古寺之一,就是因为明代打下了坚实的基础。寺庙兴建"始于成化丙戌(1466 年)之春,落成于甲辰(1484 年)之夏",前后历时近 20 年。广济寺当时的规模不可想象!寺建成后明宪宗赐额曰:弘慈广济。明万历十二年(1584 年)、清康熙三十三年(1694 年),广济寺又有不同程度的整修与扩建。清康熙三十八年(1699 年)整修寺庙,增建御制碑文匾额和御临北宋书画家米芾的传世珍品"观音赞",并增塑了释迦牟尼等镏金佛像。清乾隆十二年(1747 年),乾隆帝亲临广济寺,御书"种诸善根"的匾额,悬挂寺内。清代末年,道阶和尚任住持时,广济寺在京城拥有多座下院,如北海西面的柏林寺、德胜门内莲花寺、后海广化寺等,盛极一时。1919 年,梁漱溟与熊十力就在广负盛名的广济寺之中争论佛教。1931 年,广济寺遭受了一场伤及元气的大火,正殿和后殿烧毁,明代经典和国外进贡白檀释迦牟尼立像都被焚毁。1935 年,住持现明法师在吴佩孚等人的资助下,按明代格局进行重修,建筑规模较以前更加宏伟壮观。1952 年、1972 年、2000 年又经过 3 次大规模修建。

广济寺坐北朝南，总占地面积约2.5万平方米，在中轴线上从山门至后殿共四进大殿，包括山门、天王殿、大雄殿、圆通殿（即观音殿）、藏经阁（即舍利阁）等，此外还有西路院与东路院。

广济寺有3座山门，每座门之间有墙相连，中为黄琉璃瓦歇山顶石券拱门，门上有匾额，匾额上书写着"敕建弘慈广济寺"；东、西旁门为绿琉璃瓦黄剪边歇山顶石券拱门，东门额书"毗庐性海"，西门额书"华藏玄门"，山门两侧有八字墙。山门内为第一进院，左右是钟鼓二楼，正面为天王殿。天王殿面阔3间，灰筒瓦歇山顶，石券门，内供一尊双目微闭、面容肃穆、法相庄严的铜铸弥勒佛像。弥勒佛头戴五佛冠，身披袈裟，璎珞环身，右手扶膝，左手掌心向上，半盘半坐于莲花宝座之上。除弥勒佛之外，殿内还有四大天王左右排列。这是明代仿唐三彩陶质的四大

广济寺山门

广济寺第一进院落

天王塑像,为国家一级文物。4座塑像色彩斑斓,面部表情传神,各持法器立于殿内两侧。弥勒佛背后则是佛教护法韦驮像。韦驮是武将形象,头戴盔帽,身披铠甲,双手合十站立,金刚降魔杵平置于两臂之上,威风凛凛。值得注意的是,韦驮是背对弥勒佛,面大雄殿而立,这也正好符合他佛教护法的职责——护卫释迦牟尼佛。天王殿后厦处,悬挂一块金字匾额,上书"三洲感应"四字,为广济寺前方丈明旸法师所书。

从天王殿东侧门可进入第二进院。院内有一尊清乾隆五十八年(1793年)铸造的八宝纹青铜香鼎,高约2米,置于雕刻精

天王殿后厦

美的石莲宝座上。此鼎分为3层，上部是重檐攒尖式的宝鼎，中部透雕着6扇窗棂，窗棂上铸有二龙戏珠的图案，其中龙的各个细节清晰可辨，十分细腻；下部的鼎腹雕有佛教八宝（轮、螺、伞、盖、花、瓶、鱼、结）花纹，造型古朴大方，工艺精湛。这个鼎的鼎耳与鼎腹是整体连铸的，显示出清代铸造工艺的高超。院中有1米多高、由汉白玉

八宝纹青铜香鼎

石栏杆围成的石基，大雄殿就矗立在石基之上。大雄宝殿面阔5间，黄琉璃筒瓦单檐歇山顶，殿脊正中有华藏世界海，俗称香水海，

大雄殿

整体呈山形，由下往上依次为琉璃砖烧制的水纹、莲花、梵文等，象征永恒世界，不生不灭，北京其他寺庙没有这种殿脊。殿内供有"三世佛"像，原来供奉的三世佛为清康熙年间名师焦万里所塑，在1931年火灾中被毁，经过重新修整得以再次使用。"文化大革命"期间佛像再度被毁，现在殿内所供三世佛是1972年由政府从其他寺院尊请而来。三尊佛像并排趺坐于各自的莲花宝座之上，除了手印不同之外，服饰、姿势和面部表情均一模一样。佛像前分别竖立着高4米和高3米的明代长明烛台。烛台由整根檀香木雕成，上面通体盘刻着"善财童子五十三参"的故事，如此形制的长明烛台在国内非常罕见。佛像背后有清乾隆年间画家傅雯的指画《胜果妙音图》，高6米，长11.3米，描绘的是释迦牟尼灵山说法的故事。此画裱贴在影壁之上，是寺内一绝。原来在此供奉的十八罗汉像于"文化大革命"初期"破四旧"被焚毁，现在殿中的铜铸十八罗汉像是"文化大革命"后期由市文物局重新请来的。这些铜铸的罗汉神态各异，无一雷同，格外生动。

大雄殿后面坐落着圆通殿，大殿面阔5间，供奉观世音菩萨，因观世音素有"圆通大士"之称，圆通殿也因此得名。殿外抱柱上悬有广济寺前方丈明旸法师手书的楹联：慧日常明，千处祈求千处应；慈云普荫，万人称念万人灵。圆通殿内观世音菩萨结跏趺坐于莲花宝座上，左手掌心向上，放在交叉的双腿上，右手立于胸前，姿态优雅，面容安详。雕像上方，高悬写有"佛光普照"4个隶书大字的锦幔，殿中还供奉着多罗菩萨像和观自在菩萨像。圆通殿两侧是僧众和居士们所设的排位：东侧系为现

圆通殿

世之"长生禄位",西侧为超度亡故的牌位。西北角供奉着广济寺原住持、中国佛教协会副会长正果法师遗像。圆通殿东、西两侧各有通向下一层院落的垂花门,门上悬金地黑字匾,东侧为"登菩提路",西侧为"入般若门",都是明旸法师的手书。

圆通殿元代铜镀金观自在菩萨像

　　从垂花门进入,院内有二层后罩楼。一层为多宝殿,黄琉璃瓦檐,二层为舍利阁,绿琉璃瓦顶。多宝殿正中供奉着释迦牟尼的"三身"像,殿内还藏有国际佛教友人所赠珍品,琳琅满目,美不胜收。在这些珍品中有一尊白石雕佛像,是斯里兰卡总理普雷马达萨1979年访华时所赠,据说这尊佛像是斯里兰卡一尊著名大型石佛的袖珍复制品。殿内还珍藏有一块60万年前的古化石，高约70厘米，宽约20厘米，颜色近似黄麻，是广济寺中的稀世珍宝。舍利阁曾于1955年至1964年供奉灵光寺"佛牙舍利"，现为藏经阁，珍藏佛教经书10万余册，并藏有房山云居寺石经拓片，尤以宋、明血写佛经更为珍贵。藏经阁内还有清康熙六十年（1721年）至清乾隆十八年（1753年）甘肃临潭县卓尼寺雕版印刷的一部藏文《大藏经》，共231包，是典藏中的珍贵文本。舍利阁院内有一"方缸"，是绝无仅有的佛教文物。方缸是元代遗物，颜色黄中带绿，俗称"鳝鱼青"。上口边长87厘米，底部边长85厘米，高63厘米，是陶制器皿。方缸尺寸非常符合黄金分割的比例，风格古朴，造型美观。

穿过舍利阁院落西侧的月亮门，沿甬道西行，再向北转，便

通往舍利阁的东侧垂花门

进入一座小型四合院，即戒坛院。院中正殿为戒坛殿，所悬匾额曰"三学堂"。三学堂中有一座建于清康熙三十六年（1697年）的戒坛，至今保存完好，这是广济寺所保存的最古老的建筑物。北京城内的诸多寺院，唯有广济寺有如此规模的戒坛，这也是广济寺的一绝。戒坛呈正方形，高3层，每层都雕有鸟兽花纹及各种法器图案，每层都有石龛，龛内供奉各位戒神，如今大都散失，戒坛上方原悬有康熙皇帝御书"持戒律"匾额，现亦不存。出戒坛院再向西行，即进入广济寺西路的四合院，那里是中国佛教协会各部门的办公场所。与西路四合院相对应，寺院东路也有院落和房舍，那里大多是寺中僧人宿舍。

舍利阁院的方缸

白塔寺

位于西城区阜成门内大街171号，是藏传佛教格鲁派寺院。寺内有一座建于元代的白塔，是中国现存年代最早、规模最大的喇嘛塔，妙应寺也因此被称为白塔寺。

早在辽寿昌二年（1096年），辽道宗耶律洪基便在辽南京城（今北京）的北郊建造了一座佛塔，供奉佛舍利以及香塔、佛经等佛教圣物，后来毁于战火。元建立之后，这座已经残破的辽塔，在夜深人静时，不断放出红光，好似着火一样。于是，官员就将这一祥瑞的红光现象报告给忽必烈，忽必烈下令拆旧塔。当旧塔被打开时，发生了惊异的事情。忽必烈看到塔内供奉有："舍利二十粒，青泥小塔两千，石函铜瓶，香水盈满，前二龙王，跪而守护。案上，无垢净光陀罗尼五部，轴以水晶，金石珠琢异果十种，列五供，瓶底一钱，钱文'至元通宝'四字也。世祖惊异……"

至元为元世祖忽必烈的年号，在辽塔中发现了忽必烈在位时期的钱币，那么元朝的建立是冥冥之中自有安排了。而且按照八卦所示的方位，西方属金（元灭金而起），主白色，应在西方建一座白塔震慑。新建的这座白塔，也可以借助佛的神力，永保元代江山稳固，国家

元世祖忽必烈像

阿尼哥塑像

繁荣昌盛。

元至元八年（1271年），白塔在当时入仕元朝的尼泊尔匠师阿尼哥主持下开始修建。经过8年的施工，到元至元十六年（1279年）终于建成了白塔，并随即迎请佛舍利入藏塔中。同一年，忽必烈又下令以塔为中心兴建一座"大圣寿万安寺"。史书称，这座寺庙范围是根据从塔顶射出的弓箭的射程决定的，面积达18万平方米，有"跑马摇铃关山门"之说。作为当时元大都城内的一项重要工程，寺院在元至元二十五年（1288年）落成，因位于大都城西，所以又称作"西苑"。从这时开始，白塔寺成为元朝的皇家寺院，也是百官习仪和译印蒙古文、维吾尔文佛经之处。忽必烈去世后，白塔两侧曾建神御殿（影堂）以供祭拜。元成宗时，寺内香火极为旺盛，在元元贞元年（1295年）由元成宗亲自主持的一场"国祭日"佛事活动中，参加者竟达7万之众，堪称白塔寺发展的鼎盛时期。然而元至正二十八年（1368年）的一场特大雷火，烧毁了寺院所有的殿堂，唯有白塔幸免于难。据《元史》记载："六月甲寅，大都大圣寿万安寺灾。是日未时，雷雨中有火自空而下，其殿脊东鳌鱼口火焰出，佛身上亦火起。

帝闻之泣下,急命百官救护,唯东西二影堂神主及宝玩器物得免,余皆焚毁。"有张翥《雷火焚故宫白塔寺》为证:

> 数声起蛰乍闻雷,骤落千山白雨来。
> 恐有怪龙遭电取,未应佛塔被魔灾。
> 人传妖鸟生伪火,谁觅番僧话劫灰。
> 岂复神灵有遗恨,冷烟残烬满荒台。

经历了元代的大火之后,白塔寺进入了一个暂时的低潮期。明宣德八年(1433年),白塔寺开始重回统治者视线,明宣宗敕命维修了白塔。明天顺元年(1457年),重建寺庙,建成后命名为"妙应寺",但面积只有1.3万平方米,范围也仅为元代所建大圣寿万安寺的中部狭长地带。白塔在明代万历年间,按万历皇帝的母亲慈圣宣文皇太后懿旨进行了重修。在覆钵式塔身的正面顶上,竖立着一座高约1米的小铜碑。碑身的正面铸有"重建灵通万寿宝塔天盘寿带,大明慈圣宣文明肃皇太后懿旨,万历岁次壬辰季春吉日造"的字样。碑额刻"万古流芳"4个字,在碑阴上镌刻着捐资人的题名。清代,寺院又进行过多次维修,康熙帝、乾隆帝都有御笔重修碑文。清光绪二十六年(1900年),八国联军攻占北京,曾冲入妙应寺,将法器、供器等席卷而去。民国时期,政治动荡、时局日艰,佛教寺庙大都陷入困境,白塔寺也未能幸免。但相较于其他寺庙,白塔寺悠久的历史、壮丽的白塔都为自身赢得了不少的人气,所以在不同时期依然有私人与官方性质的行善集资活动用以护持白塔。得益于此,白塔寺的日常宗教

明万历十五年（1587年）慈圣宣文明肃皇太后修塔所立铜碑

活动才可以较为稳定地进行下去。尽管面临各种困难，白塔寺还是举办了一些有影响的佛事活动，最引人注目的是1936年4月15日举行的"敬塔功德法会"，大批僧人与民众参与了这场规模盛大的法会。

中华人民共和国成立后，"妙应寺白塔"于1961年被国务院公布为第一批全国重点文物保护单位。1966年"文化大革命"开始后，寺内喇嘛被遣散，大门和钟鼓楼都被拆除改建为商场，寺内的其他地方也被机关单位占用，大量文物遗失或被损毁。直到1997年，北京市政府提出"打开山门，亮出白塔"的口号后，才拆除商场，重修了山门和寺内建筑。1998年，妙应寺终于重新开放。

现存妙应寺的建筑大体保存了明代重建时的风貌，由寺院和塔院两部分组成。在南北中轴线上依次有山门、钟鼓楼、天王殿、意珠心镜殿、七佛宝殿和塔院。

山门面阔3间，东西两旁有八字影壁，中间券门上有石刻横匾额书"敕赐妙应禅林"。进入山门后，两侧分列着楼阁式的钟鼓楼。天王殿面阔3间，殿内原供奉大肚弥勒佛与四大天王像，

白塔寺山门

现为"佛典瑰宝展",主要展出佛教大藏经源流和1978年白塔塔刹出土的清代初刻版《大藏经》——《龙藏》。天王殿北是意珠心镜殿,面阔5间,进深4间。"意珠心镜"4字是乾隆御笔,比喻佛的心像如意珠宝一样晶莹透彻,是对佛陀的智慧和纯净本体的赞美。殿内原来供奉阿弥陀佛、释迦牟尼佛和药师佛,两侧为十八罗汉拱卫中央主尊,所以也被称为三世佛殿。佛像在"文化大革命"中被砸毁,现在是"藏传万佛造像艺术展"。再往北是七佛宝殿,面阔4间,进深4间,殿内原有7尊铜鎏金佛像,"文化大革命"时期不知去向。现在殿内正中供奉的是巨型木雕三世佛像。三世佛后有一尊铜铸倒坐千手千眼观音菩萨像,两侧为明代铜鎏金十八诸天像,顶部为3个盘龙藻井,雕饰金制龙凤。三世佛殿与七佛宝殿的东、西两侧都建有配殿廊庑。

塔院位于寺院最北部,高出地面约2米,四周围以红墙。院门上额书"敕建释迦舍利灵通宝塔院",院内四隅各有一座角亭。

门内有一面宽3间塔殿，因殿正中悬有乾隆皇帝御笔亲题的"具六神通"匾额，所以这座塔殿称为"具六神通殿"。殿内供奉木雕镏金三佛，分别为迦叶佛、释迦牟尼佛和弥勒佛。具六神通殿内东、西两壁上，悬挂有8幅清代唐卡，西壁挂有绿度母、千手千眼观音、大白伞盖佛母、无量寿佛，东壁挂有战神巴丹玛奔、马头金刚、狮面佛母、大威德金刚。殿北即为白塔，白塔建在塔院的正中，塔前有新铸的大钟和阿尼哥塑像，塔后有4棵元代的古楸树，寺内高僧视其为佛门圣树"菩提树"。

白塔正式名称为释迦舍利灵通宝塔，因为通体皆白，所以俗称白塔。白塔是一座砖石结构的覆钵式塔，基座面积1422平方米，通高50.9米，由塔基、塔身和塔刹3部分组成。

塔的基座高9米，分为3层。下层为方形的护墙，上、中两层为须弥座式台基，平面呈"亞"字形，四角向内折收，形似房屋的四出轩。基座的转角处都有角柱，显得轮廓分明。在上层平盘的挑出部分，为了增加砖石结构的强度，还有巨大的圆木承托。

在基座顶层的四周，围有明代添置的108座铁灯龛。中央是形体雄浑的巨型莲座，用砖砌雕出的莲瓣塑饰而成。莲座外尚有5道金刚圈，用以承托塔身。

塔身为一座巨大的覆钵，上大下小，最大处直径18.4米，形如宝瓶。塔身顶部有呈"亞"字形的小须弥座。再往上竖立着下大上小，呈圆锥状的十三重相轮，称作"十三天"。相轮起由塔座到塔刹之间的过渡作用，它的数目代表塔的级别，十三天是等级最高的塔。在相轮顶置直径9.7米的巨大华盖。华盖以厚木为底，

清代唐卡 / 清代马头金刚唐卡 / 清代千手千眼观音菩萨唐卡 / 清代狮头佛母唐卡 / 清代无量寿佛唐卡

上覆铜板、铜瓦，四周悬挂36片铜制透雕的流苏，每片都悬挂一个风铃。

位于塔顶的塔刹高5米，重4吨。一般佛塔的塔刹为仰月或宝珠形，而此塔的塔刹仍然是一座小型的镏金铜制喇嘛塔，并且与白色的塔体形成鲜明对比，把窣堵波（供奉佛陀舍利的建筑物）这种佛教建筑形式做了最极致的展现。在塔刹上还有一则元代的题刻，也是研究白塔历史的重要史料。

元代碑文这样记述白塔："非巨丽，无以显尊严；非雄壮，无以威天下。""制度之巧，古今罕有。"明代蒋一葵在《长安客话》里写下"珍铎迎风而韵响，金顶向日而光辉"的诗句，描绘了白塔的风貌。《宛平县志》中记载："凡塔下丰上锐，层层笋拔地。白塔独否，其足则锐，其肩则丰，如胆之倒垂然。肩以上长项矗空，节节而起，顶覆铜盘，盘上又有一小铜塔，塔通体皆白。"生动地描绘出了白塔与众不同的形状。

为保护白塔，1961年在塔顶上安装了避雷针。1976年，受唐山大地震影响，白塔相轮顶部有所损坏。1978年维修时，发现塔刹是由木塔柱将铜制构件分段套接而成，塔内埋藏着清乾隆十八年（1753年）存留的僧冠、僧服、佛经、佛像等100多件珍贵文物。

为纪念白塔建成730周年，2009年11月8日，北京市白塔寺管理处在意珠心镜殿前举办"出塔文物展览开幕式暨青海文都大寺银塔捐赠仪式"。展览以白塔出塔文物为主题，同时接收了由青海文都大寺噶尔哇·阿旺桑波活佛捐赠的一座银质舍利宝塔和忽必烈、八思巴、亦怜真、阿尼哥4尊木质人物塑像。

称妙应寺与白塔历史悠久、底蕴深厚绝不为过，但这还不是白塔的全部！浓重历史与建筑技艺的结合、人文情怀与异国交往的辉映，妙应寺、白塔时刻都闪烁着无与伦比的光芒！

白塔

繁华商街

朝阜路作为北京城市的横向中心区域，有着传统与现代杂糅的繁华商业区。古代漕粮的必经通道朝阳门，燃煤入城的重要通道阜成门，定期庙市隆福寺和白塔寺，老字号仿膳饭庄经久不衰，东四、西四也是元代以来热闹商市的中心，而今高楼大厦鳞次栉比，店铺林立，商旅往来，热闹非凡。

自辽代以来，金、元、明、清先后在北京定都。北京成为我国北方地区，乃至全国的政治、文化和经济贸易中心。庞大的宫廷、衙署日用消费，以及城市人口的日益集聚，促使北京逐渐成为一座巨大的消费城市，带动了城市商业市集的繁荣。元、明、清以来，北京城市发展表现出显著的消费性特征，从外部的商品流通，到城内的市集贸易；从基础性的日用所需，到休闲娱乐消费，甚至奢侈品消费等方面，均有所体现。从汇集于朝阜路的商业街市，我们既可以纵向窥见元、明、清以来北京最核心的商业景象，又可以横向划分出层次分明的古代北京市场规模；既有专为皇亲贵胄所设的奢侈品消费市场，又有寻常百姓所用的日用品消费市场；既有常设性的街市，又有定期的庙市、灯市。不同等级、不同规模和面向不同消费层次的商业市场，构成了一幅北京城市经济发展的画卷。

粮煤济京

朝阳"粮"门

朝阳门，北京内城九门之一，位于内城东垣正中，始建于元至元五年（1268年），坐西朝东，原名齐化门。《顺天府志》中载：

朝阳门（1900年由南向北拍摄）

城方六十里，二百四十步，分十一门：……正东曰崇仁，东之右曰齐化，东之左曰光熙。所谓"东之右"的"齐化门"就是今天的朝阳门。

朝阳为何有"粮"门之称？那要从元大都开始说起了。由元至清，甚至延续到20世纪50年代，齐化门（朝阳门）一带都是经济繁盛之地。北京城中，除"前三门（正阳门、宣武门、崇文门）"外，就以朝阳门关厢最为热闹。朝阳门关厢的热闹主要得益于京杭大运河。早在隋朝就已开通的大运河，在元朝依然发挥着巨大的作用，成为连接北京与南方各省的一条重要交通命脉。而朝阳门，正是离大运河北端的重要码头——通州码头最近的一个城门。通州码头在朝阳门正东40里，那时离京南去的官员客商，或是由南入京朝觐、经商的官员与客商，都要在朝阳门经停。因此，朝阳门下，往来客商川流不息，一片车水马龙之景，各行各业的商人看到这巨大的商机，都争相在朝阳门关厢开设店铺。700多年前，年轻的意大利人马可·波罗来到中国，航船如梭的京杭大运河给他极大的震撼。在以后的17年中，他数次航行于这条伟大的河流之上，往返于大都与中国各地，而每次入京的必经地点之一就是大都东垣的齐化门——在京杭大运河的终点通州下船，然后换乘车马，由齐化门入城，就到了所谓遍地黄金的东方国都。京城人口日增，就食者多，所需粮食甚巨，经大运河漕运到北京的南方粮米，在东便门或通州装车，通过朝阳门进城，储存在城内的各大粮仓中。逢京都填仓之日，往来粮车络绎不绝。故朝阳门瓮城门洞内刻有谷穗一束以做标志，民间有"朝阳门谷穗为南粮北运的第一位喜迎神"之说。时至今日，朝阳门附近仍有许多有"仓"字的地名存在（如海运仓、北新仓等），间接佐证了朝

民国时期的朝阳门内大街

八国联军侵华时被日军击毁的朝阳门箭楼西侧面

阳门的这一功能。

清光绪二十六年（1900年），八国联军攻打北京城时，朝阳门最先被攻破，朝阳门系列建筑也遭到炮轰。这些毕竟是外来的破坏，主动的拆除始于1915年，和正阳门等几个内城城门一样，朝阳门的瓮城也消失在这一年修建环城铁路的过程中。喜仁龙到达北京时已是20世纪20年代，环城铁路工程已经完工，在考察过其他城门之后，他说施工中影响最大的是朝阳门和同位于东垣

1915年环城铁路建成之后的朝阳门

的东直门，因有铁路从中部贯穿通过，朝阳门的瓮城几乎全部被拆毁，设有月台的火车站占据了往日由瓮城高墙庇护的场地，箭楼门洞也已失存。

然而使城门付出了巨大代价的环城铁路似乎并没有发挥它应有的作用。据为各城门画过"遗像"的张先得回忆说，他曾乘坐环城铁路到过呼和浩特等地，但后来铁路停止客运，仅仅运货，到20世纪50年代连货运都停止了，完全闲置。

到了20世纪50年代，对朝阳门的拆除进入高潮阶段。1956年10月16日的《北京日报》对朝阳门的拆除原因做出了解释："由于年久失修，发现墙身多处下沉、裂缝，部分柱子向外歪斜，飞檐和柱子接榫处很多糟朽，南面楼门劈裂下来。如果不拆除，随时都有倒塌的危险。"虽然此前城门的拆除已经开始，但朝阳门给文物专家们的震动尤其大。因为文化部大楼就在朝阳门附近，

朝阳门桥

朝阳门现景

文物局办公室又恰在文化部大楼的东南角，从办公室的窗口就能看到朝阳门。然而学者的呼吁并未能挽救朝阳门的命运，最终拆除成了定论，大家只好眼睁睁地看着朝阳门从自己眼前消失。

1950年，在朝阳门城门北侧城垣开豁口，以利交通；1956年10月9日，朝阳门城楼拆除完毕；1958年，箭楼拆除完毕。朝阳门痕迹荡然无存，拆除前声称将要保存留待后用的原建筑构件也在"文化大革命"中散失。

1978年，消失的朝阳门原址上建起了立交桥。截至20世纪90年代，二环路上的立交桥已经达到了29座，其中有14座和朝阳门一样，是以消失的城门命名的。车辆到了此处沿转盘绕行，就像当年人们从城墙外绕行一样。喜仁龙看到过的"青枝绿叶""绿琉璃瓦"被摩天楼群所取代，曾占据过这一区域文化主体的小商品经济氛围被一种中西合璧的现代文化氛围所取代。从朝阳门地铁站涌出的,有目光笃定的白领人士,有和喜仁龙一样的异国来客,也有留恋于酒吧和各国美食的文艺青年。而城门附近的粮仓旧迹仍依稀可见,只是换了一种身份出现,还有城内的胡同,尚能找到一些有关朝阳门旧时的影子。

阜成"煤"门

阜成门,北京内城九门之一,位于内城西垣中间,坐西朝东,前身为元大都的平则门。明正统四年(1439年)重修,改叫阜成门。

平则门石匾

为什么阜成门会有"煤"门之称?古代的时候,北京西郊门头沟附近产煤,城内居民取暖用煤都由门头沟供应。在《大元一统志》中记载,北京城附郭宛平县西45里大峪山有黑煤窑30余所,西南50里桃花沟有白煤窑10余所。明代迁都北京之后,宫廷对煤炭的需求与日俱增。根据清人王庆云《石渠余纪·纪节俭》的记载,宫中每年消耗木柴2600余万斤,红螺炭1200万斤。清朝定都北京之后,煤炭除了为宫廷、官府所用外,日常百姓的消费比重也变大,正如乾隆年间直隶提督永常奏称"京城内外人烟繁庶甲于天下,唯赖西山之煤,取用不穷"。煤车经阜成门进入北京城内,将大量燃料提供给城内使用。阜成门瓮城门洞左壁上嵌有一块汉白玉石雕,镌刻梅花一朵,这就是有名的"阜成梅花"。以梅寓煤,表明此门是进煤之门。阜成门还有"阜三多"的称号,即骆驼多、煤栈多、煤黑子(煤矿工人的旧称)多,足见当时阜成门作为运煤要门的盛况。

阜成门城楼西侧面

　　阜成门虽然是所谓的因进出清一色黑煤炭而闻名的"煤门",但是阜成门地区的民俗活动却是丰富多彩的。阜成门一带居民大多从事农业,为祈祷一年风调雨顺,在每年农历二月初二"龙抬头"当天都会举行独特的庆祝活动。除了给龙王爷纸像叩头礼拜外,还会在中午时分往地里泼盆净水,祈盼风调雨顺。阜成门一带的商人也有自己的习俗,每天早晨打开店铺门后,掌柜或者管账先生必须手拿算盘冲着店门外摇动,预祝当天顾客盈门,买卖兴隆。无论农民还是商人,每年秋分都会做同一件事情:祭月。明、清两朝将月坛设在阜成门南侧,每年秋分,皇宫必会遣人前来祭月,场面恢宏盛大,同时也充满皇

阜成门外煤栈

家气息。虽然祭月时禁止普通百姓围观，但民众还是在祭月前几天或者过几天来这里参加、感受盛大的祭月活动，无意间为阜成门一带带来巨大商机。

随着时间的推移，阜成门本身的城门防卫功能衰退，逐渐变得可有可无。阜成门箭楼和闸楼于1935年拆除，瓮城和箭楼城台于1953年拆除。1954年为便利城内外交通，先在阜成门城楼南侧开了一个城豁子，故新建的阜成门外大街没有正对着阜成门，而在原阜成门外街的南侧。虽然阜成门城楼在1951年曾修过一次，但以后就再也没有修缮过，直至1965年彻底拆除。

20世纪20年代初阜成门箭楼北侧繁华商业

阜成门原址现貌

食货兴都

隆福寺庙会

隆福寺早已名存实亡，如果今天我们按其遗址寻访，绝对找不到史书里面记载的藏经殿、钟鼓楼、藻井、御牌，但是文化是源远流长的，说起隆福寺，不得不提的便是庙会和书业。

隆福寺坐落在东四北大街西侧，始建于明景泰三年（1452年），《日下旧闻考·明景帝实录》载："景泰三年六月，命建大隆福寺，役夫万人。以太监尚义、陈祥、陈谨，工部左侍郎赵荣董之。闰九月添造僧房，四年三月工成。""肇建于明景泰三年，逾岁而毕工。"该寺取用南内翔凤殿等殿的石料，由明景帝下诏，在南崇国寺（元朝北京有南崇国寺和北崇国寺，

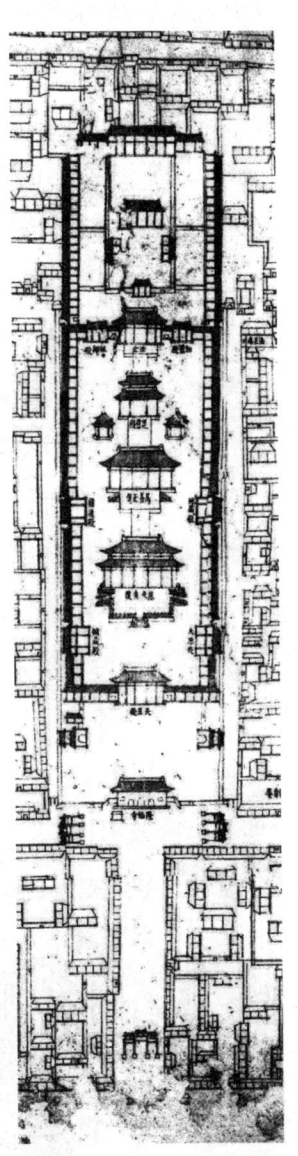

《乾隆京城全图》中的隆福寺

其中北崇国寺后来改称大隆善护国寺）的旧址兴建隆福寺。清雍正九年（1731年）重修。

北京隆福寺曾是朝廷的香火院之一，在明代是京城唯一的番（喇嘛）、禅（和尚）同驻的寺院，到清代成为完全的喇嘛庙，香火极盛。再加之这里离南方客商运粮常走的朝阳门不远，他们经常把随身货物拿到这儿卖。久而久之，隆福寺发展成北京内城首屈一指的大庙市，成为京师著名的大庙会。因坐落在东城，与护国寺相对，俗称"东庙"。

清代，旧历每月逢九、十开庙，1930年改在阳历一、二、九、十开庙。据《日下旧闻考》记载，隆福寺"每月之九、十有庙市，百货骈阗，为庙市之冠"。花鸟鱼虫、绫罗绸缎、字画古玩、衣服饮食，百货云集；星卜杂技、民间绝活无所不有。每逢市日，

旧时隆福寺庙会

这里人山人海。不但京城的平民百姓、达官贵人经常光顾，就连东交民巷使馆区的外国人也是常客。庙会上，人们可以买到针头线脑、日用杂货、花鸟鱼虫、古玩字画和各式各样的土特产品，可以看到老北京的民间戏曲，还可以品尝到各式各样的北京小吃。据说，当时多数小吃摊商集中在庙会西侧，一些卖茶汤、油炒面、豆汁、杏仁茶等流食的小坐商在此还设有座位。这些小坐商、摊商，还有推车挑担的商贩，差不多都有自己的绝活儿。他们制作的扒糕、灌肠、炸丸子、豌豆黄、爆羊肚、羊霜肠、驴打滚、吊炉烧饼等风味小吃，香气诱人，风格各异，令人大饱口福。

清末时期的庙会成就了隆福寺的繁荣，庙会的人气也使这里的商家和摊贩赚了不少银子。《京都竹枝词》曾用"一日能消百万钱"来描绘隆福寺的兴盛景象。

随着隆福寺庙会的繁荣，庙前的街道也繁荣起来。以寺为中心，寺前南北向的神路街、东西向的隆福寺街（其中东半部叫隆福寺东街，西半部叫隆福寺西街），街面店铺林立，又因隆福寺距离曾经的北京贡院不远，各地来京赶考的举子络绎不绝，渐渐地这里的书肆兴盛起来，仅次于琉璃厂。清末民初崇彝的《道咸以来朝野杂记》记载："隆福寺街当年只有书肆三处：同立堂（后改三槐）、天绘阁（后改聚珍）、宝书堂（已歇业）。"到清末民初时，这里书肆大量增加，有三槐堂、聚珍堂、修文堂、宝文书局等30多家，几乎占了东街半条街，甚至能跟南城的琉璃厂相媲美。它们除售一般古书、经史子集外，善本、珍本、孤本书都可以在这里找到，有的还刻板翻印古书。因此，它吸引着名流、学者和莘莘学子到这里购买和查阅书籍。当年的藏书家和各大学的教授如鲁迅、刘半农、沈尹默、郑振铎、傅增湘等人，都是各旧书店的常客。据说当年胡适在北大当教授的时候，曾经对学生们说："这儿距隆福寺很近，你们应该常去跑跑。那里书店的掌柜不见得比大学生懂得少。"

隆福寺牌楼

清光绪二十七年（1901年），隆福寺庙宇毁于一场大火。此后一直没有重修。住在残庙中的喇嘛将地皮按块租给摊商，靠收取地皮费为生，名为香钱。因此在那场大火后，隆福寺的商业氛围仍延续了几十年。民国时期，庙会照办不误，依然风风火火，是老北京市民生活的一大乐趣。中华人民共和国成立以来，名义上虽然取消了庙会，却将"东大地"的临时性商场迁来，在空地上搭建了许多带铁皮顶棚的露天摊档，隆福寺逐渐变成了熙熙攘攘的集贸市场。

20世纪50年代,市政府于隆福寺原址兴建一座大型摊贩市场并将其命名为"东四人民市场"。董必武书写匾额。最早的时候,东四人民市场还保留着旧时的经营特色。不得不承认,这是庙会的一种新形式。隆福寺街最热闹的是人民市场往东一直到东口这一段。往西没有什么店铺。东口把角路北是明星电影院和德一茶庄。德一茶庄店面不大,面朝东南,门脸是五彩沥粉的两根圆柱,黑底金字的牌匾,两扇总共1米多宽的玻璃门,店堂不大,茶香四溢,光线有些昏暗,但总是十分整洁,可以说,德一茶庄是隆福寺这条街上最漂亮的建筑。可惜后来东口路北盖了一栋楼,就把这茶庄给拆了。

紧挨着的是明星电影院,曾是老式木质结构,比较陈旧。除了明星电影院外,这条街上还有东城区工人俱乐部、蟾宫、东四剧场3家影剧院。蟾宫这名字本来取材于民间神话传说,"文化大革命""破四旧"的时候,红卫兵贴大字报,说蟾宫就是癞蛤蟆宫,是对来这儿看电影的广大工农兵群众的侮辱,因此名称改为长虹电影院,至今还在沿用。东四剧场在人民市场旁边的一条死胡同

隆福寺——长虹影城

隆福大厦匾

的最里面，平日演电影和戏曲，周末和礼拜天晚上演木偶戏。

　　实行公私合营后，东四人民市场改为国营百货商场，成为与王府井百货大楼、东安市场、西单商场齐名的北京四大商场之一，名噪一时。1964年，有关部门在原地建起新式营业大厅，营业面积随之扩大。1976年，因唐山大地震，隆福寺残存殿宇受到损坏，被全部拆除。20世纪80年代，又将营业大厅换成了一座9层大楼，改名为"隆福大厦"，薄一波书写匾额。至此，隆福寺原有的建筑风貌已荡然无存。1998年扩建后，隆福大厦营业面积达6万平方米，是原来的3倍。扩建后的隆福大厦占据了原来隆福寺几乎全部基址。大厦9层楼顶还修建了4座大殿和4座角亭，意图部分再现隆福寺的旧貌。

　　不知是什么原因，由隆福寺和东四人民市场升级而来的隆福

隆福大厦楼顶修建的大殿

大厦,虽然设施先进,还安装了当时国内商场少有的电动扶梯,人气却江河日下。特别是1993年的那场大火,不但烧掉了大厦,似乎也烧掉了隆福寺地区的人气儿。从此,隆福寺地区不论是改成小吃街,还是电子市场,始终聚不起人气儿来,最终导致企业关张了事。

早年间,隆福寺不但在北京,就是在全国也是一等一的繁华之处。有句老话儿说:"南有夫子庙,北有隆福寺。"现在,夫子庙还是南京的一块金字招

隆福大厦前冷清的步行街

牌，可隆福寺却已经门可罗雀了。难道说就让北京城内这块黄金宝地这么萧条下去吗？北京人不甘心。2012年初，在东城区打造的隆福寺文化商业综合区已进展到规划阶段，2016年关停隆福寺早市，隆福寺地区进入升级改造中。祝愿隆福寺那一片儿的繁华盛景回到北京人的生活中。

东四、西四

今天的"东四""西四"两个地名实际上是"东四牌楼""西四牌楼"的简称，早在元代就已成为北京城内重要的商业中心。元代东四地区有枢密院角市，西四一带有羊角市，为"东南西北人烟凑集之处"。

枢密院市场的形成，是由于附近的文明门为"舳舻之津"，通惠河上船只出入大都的关门和税卡就在这里，来往的"船舶蔽水"，为大宗交易的出现提供了充足的货源；而齐化门为南方商人进入大都的必经之路，有"商人之门"之说。元代《析津志辑佚·古迹》载："江南直沽海道来自通州者，多于城外居止，趋之者如归，又漕运岁储，多所交易，居民殷实。"由于地利等原因，齐化门和文明门之间的商业在漕运开通后日趋兴盛，加之其靠近政府机构，遂得名"旧枢密院角市"，是大都东部的商业中心。此外，在东四一带的十市口还设有杂货市。

羊角市在西四一带，由于这里是往京西方向的必经之路，《析津志辑佚·风俗》载："城中内外经纪之人，每至九月间买牛装车，往西山窑头载取煤炭，往来于此。新安及城下获卖，咸以驴马负荆筐入市。"因此，对于大型牲畜的需求较多，加之地形开阔，所以形成牛羊、骡马、骆驼等大型牲畜交易的专门市场。其中的羊市所在地后来称为羊市大街，就是今天的阜成门大街。

明代初期，由于连年战乱，北京城人口骤减，当时"商贾未集，市景尚疏"，城外交通困难，城内到处是大片的空地。为此，迁都北京后，明代于东四和西四十字路口四面各建一座四柱三楼式木牌楼。为鼓励工商业的发展，明朝廷先后在全城重要地段的大明门、东安门、西安门、北安门这皇城四门外，内城钟鼓楼、东四牌楼、西四牌楼，以及朝阳门、安定门、西直门、阜成门、宣武门附近，兴修了几千间民房、店房，召民居住、召商居货，

民国时期的西四牌楼

谓之"廊房"，以促进北京城的发展和工商业的繁荣。

明代积水潭停止漕运后，南方水运来的货物多至京东张家湾和通州的运河码头弃船装车，由水路运输转为陆路运输抵达北京，从朝阳门入城运到内城各处，东四位于要冲之地，许多从京东来的客商都要在朝阳门至东四的大路两旁用餐、购物或进行商品交易，加上东四南边一年一度举办的灯市等，带动了这里的商业发展。从地名上也可以看出来，比如灯市口、米市大街。此外，在东四南街西，还有皇帝和宦官合伙开办的宝和、和远、顺宁、福德、福吉、宝延6家皇店，专门经营各地客商贩来的杂货。这些都促进了东四的商业繁荣。

清代以来，东四牌楼附近也是内城东部最主要的商业中心，又称"东大市"。康熙时期，该处已是"生意最盛"之处。据乾嘉时期史料记载，东四牌楼、西单牌楼皆极其热闹，俗称"西单东四"。清代后期，东四地区逐渐成为北京城内的金融中心，据《道咸以来朝野杂记》记载："当年京师钱庄，首称四恒号，始于乾嘉之际。"开设在东四牌楼的"四恒号"即恒利、恒和、恒兴、恒源，主要业务为买卖金、银，办理存、放款，兼出银票、钱票，代办"捐柜"，"四恒号"在一定程度上操纵着北京当时的银钱市场，成为"京师货殖之总会"，因此旧北京有"东富西贵"之说。这里还有各类首饰店、缎靴店、帽店、估衣店、茶叶店、食品店和饭馆等。

西四商业街区范围与明代相比没有重大改变，为西城最重要的商贸中心，"鞍辔行装，铺设牌楼西大市"。由嘉庆年间的《唐土名胜图会》可知，当时西大市店铺林立，商旅往来极为热闹。较有名的店铺如百年老店砂锅居，原为和顺白肉馆，即开设于此，"缸瓦市中吃白肉，日头才出已云迟。"此外，西四牌楼附近还有多类戏院和妓馆，据《天咫偶闻》记载，这里"闾阎扑地，歌吹沸天。金张少年，联骑结驷，挥金如土，殆不下汴京之瓦子勾栏也"。

民国时期东四附近的店铺

1949 年，北平更名北京，成为中华人民共和国首都。城市

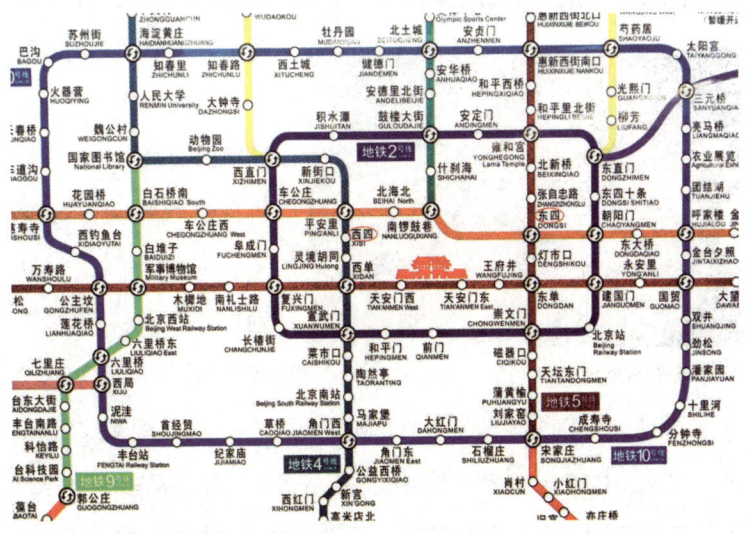

东四、西四发达的地铁线路示意图

迅速发展，为了改善道路狭窄、交通不畅的状况，1954 年该地区展宽马路时，拆除了东四、西四牌楼，但这些丝毫没有影响东四与西四的繁华，加之现有地铁 6 号线、5 号线、4 号线分别经过东四、西四，周边公交线路繁多，商业发展蒸蒸日上。

仿膳饭庄

北海公园内有名的宫廷菜馆，前身是"仿膳茶庄"。

1925 年，原来在御膳房当差的赵仁斋和儿子赵炳南邀请了孙绍然等几个原清宫御膳房的厨师，在北海北岸找了 5 间房子，办起了一家茶庄，因售卖的各种茶点都是仿照宫里的膳食，所以茶庄取名"仿膳"。当时，仿膳茶庄除了卖茶水之外，主要经营清宫的传统糕点、小吃，如肉末烧饼、小窝头等，特色鲜明。相传，一天夜里慈禧做了个吃烧饼的梦，第二天的早膳中居然有肉末烧饼，这就是美梦成真了。慈禧特别高兴，认为是给自己"圆了梦"。经过询问后，得知这肉末烧饼是御厨赵永寿做的，当即唤来赐给他一支花翎和纹银 20 两。赵永寿做的肉末烧饼便也从此出了名……赵永寿能够获得封赏，不仅是因为圆了慈禧的梦，更是因为肉末烧饼确实很美味。

仿膳饭庄的肉末烧饼

肉末烧饼用炭火来烤，烤成后黄白分明，外酥里软；肉末则煸炒得不腥不腻、香嫩可口。1925 年 12 月 8 日，《晶报》专门对仿膳茶庄做了详细的介绍：北海公园松坡图书馆旁有一处卖茶点的地方，其商标曰"仿膳"，仿照御膳制作工艺的寓意。茶庄里的厨师，是清朝御膳房的御厨，他们制作的小吃，如豌豆糕、芸

仿膳饭庄的小窝头

仿膳饭庄的豌豆黄

豆卷、栗子糕、豌豆黄，各种糖粘、各种蜜饯以及包子、饺子、千层糕、蝴蝶卷、一品烧饼、小窝头之类，精美洁净，非比寻常，不愧于御厨的称号。这里面尤其以小窝头最为精致特别，形状如同小酒杯，而且非常薄，不但样式与穷人吃的窝头不一样，就是窝头用的面粉也比平常的面粉更精细。《旧京秋词》中留有这样的赞美之辞："菱糕切玉秫黄窝，午膳居然玉食罗。饭饱湖滨同啜茗，夕阳明处见残荷。"诗后还注道："北海有肆曰仿膳。昔为御厨，制点甚精。菱花粉做花式曰'菱角糕'，以新磨蜀黍粉仿

贫民所食曰'窝窝头'，但小才如指耳……"仿膳茶庄的小吃用料考究、做工细致，与普通的民间小吃确实有天壤之别。拿豌豆黄来说，当时一定要选用京东"四眼井"产的白豌豆，制作的时候需先将豌豆煮烂、晒干、磨成粉，再经"马尾罗"筛过，还要经过炒泥、冷却、切块等多道工序，经过这样精细加工而制成的豌豆黄颜色金黄、块形小巧、香甜细腻、入口即化，这也才能称得上是豌豆黄中的"上品"。前人还留下诗句赞美它："从来食物数燕京，豌豆黄儿久著名。红枣都嵌金屑里，十文一块买黄琼。"仿膳的宫廷美食在北海横空出世之后便享誉全城。

在经营茶点的同时，仿膳茶庄还逐步恢复了一些清宫中的传统炒菜。御膳房的著名菜点及烹饪技术，也就这样被保存了下来。民国时期，社会上盛极一时、为上流社会所推崇的"满汉全席"也以仿膳饭庄最负盛名。但旧中国政治动荡，战乱频繁，仿膳业务发展有限，经营也不太景气。同时仿膳初创时的御厨相继去世或离开，仿膳饭庄安身立命的宫廷风味渐淡。

1955年，仿膳茶庄改为国营；1956年更名为"仿膳饭庄"；1959年，仿膳饭庄从北海北岸迁到南岸现址——琼华岛上的漪澜堂、道宁斋古建筑群。漪澜堂古建筑群始建于清朝乾隆时期，依山傍水、风景秀丽，建筑仿效金山（江苏镇江）行宫，内部布置典雅、大方、舒适。乾隆皇帝经常到这里设宴与大臣、画家赏美景、享美食。道宁斋是皇帝和文人吟诵诗文的雅地。在漪澜堂、道宁斋享用仿膳，那感觉就是真正在用御膳而不只是仿膳了。值得一提的是，这家老字号的牌匾是由老舍先生题写的。

仿膳饭庄迁到这里后，经营条件有了很大的改善，整个建筑面积为 2240 平方米，使用面积为 1188 平方米；有小餐厅 11 个，可承办 25 桌宴席。饭庄在注重硬件设施的同时又加强了"软件水平"的提高。饭庄想方设法请回了曾在清宫御膳房掌灶的老厨师，请他们带徒弟、传授烹饪技术，使得因缺乏技术力量而濒临绝境的仿膳饭庄起死回生，也挽救了中华民族美食文化中的融百家精华于一身的国宝——宫廷御膳。在请回的厨师中就有曾被慈禧封为"抓炒王"的王玉山，他的"四大抓"（抓炒鱼片、抓炒里脊、抓炒腰花、抓炒大虾）在宫中很有名气。

仿膳饭庄正门

说到这里，仿膳到底仿得像不像御膳？是否真的恢复了宫廷御膳房的水准？在这方面最有权威的发言人说出了他的评语。1959 年，"末代皇帝"溥仪被特赦后，曾数次到仿膳饭庄吃饭，对这里的菜点极为赞赏，认为比自己当皇帝时吃的味道要好，有过之而无不及。溥仪的胞弟溥杰在品尝了昔日宫廷风味之后，高兴地为仿膳饭庄写了匾额。现在，"烟岚""清漪""芙蓉""飞觞""醉月"5 块匾额，分别高悬在道宁斋的5个宴会厅的门楣上。溥杰先生还为仿膳饭庄写了一首《浪淘沙·北海仿膳题壁》词以赞之："十里菱荷香,翠柳朱墙,漪澜荡漾水云光。琼岛春阴巍玉塔,妙在长廊。朋友遍遐方,济济跄跄,四筵舞箸更飞觞。尝品故宫前代味,忘是他乡。"

"文化大革命"时期,北海公园一度关闭,仿膳饭庄也因此而停止对外营业。1978年,仿膳饭庄重新开张,恢复了宫廷风味菜点、小吃130余种并重新推出了"满汉全席"和"满汉全席精选"餐。在这期间,仿膳饭庄还推出过"舫膳",在北海水面漫游的画舫中设宴,食客们可以一边品美食,一边赏美景。仿膳饭庄还接待过大批国内外领导人,如周恩来、邓小平、叶剑英,美国前总统尼克松和前国务卿基辛格等。

如今的仿膳饭庄,共有大小餐厅15间,可供500人同时就餐。

仿膳饭庄仿清宫瓷器

餐厅内装饰以龙凤为主题，餐具采用标有"万寿无疆"字样的仿清宫瓷器或银器，充满浓郁的宫廷氛围，已经成为感受中国传统美食文化的一处胜地。

白塔寺庙会

白塔寺被人们一直铭记于心，不仅仅是因为白塔本身所展现出来的高超的建筑技艺，还因为它承载着的无数老北京人最美好的记忆——庙会。

阜成门内的白塔寺庙会是北京有名的庙会，它与东四的隆福寺、新街口南边的护国寺、宣武门外的土地庙、崇文门外的花市，合称为北京的五大庙市。

直到清末民初，僧人将配殿和空地出租，白塔寺才逐渐演变为北京城的著名庙会胜地之一。庙会之所以兴盛，离不开庙会交易形式简单便利、可以还价、货物齐全的特点。这也与新式的百货大楼与普通百姓生活、消费水平存在一定差距有很大的关系。

起初，白塔寺逢初五、初六举办庙会。后来，庙会日期增至每月初五、初六、十五、十六、二十五、二十六日。中华人民共和国成立后，因土地庙庙会停办，花市改为长期集市，故白塔寺改为逢三、四、五、六日开市，每月庙会多达 12 天。每逢开庙之日，各处的小商小贩推车挑担蜂拥而至，来此设摊卖货，全城的男女老少也从四面八方到此买物游逛。庙会期间，除与其他庙会类似的山货、百货、食品、玩具和农副产品等货摊外，木碗货摊是白

白塔寺庙会卖空竹的摊位

塔寺庙会的一大特色。《旧都文物略》中说:"白塔寺的木碗花草、土地庙木器竹器,皆属特有。"

据《耄耋老人回忆旧北京》载:庙前东西街旁摆满了碗筷、笼屉、笤帚、锅盆、毛掸、鞋帽等货摊以及售糖葫芦、大串山里红、扒糕、切糕、驴打滚、灌肠、豆汁儿、茶汤、油茶等小食品摊。山门里,钟鼓院多是卖布头和日用杂品等货摊,这些摊都支着白布棚,商贩们不停地高声叫卖。

除了这些日常用品和风味小吃以外,白塔寺庙会中还有许多吸引逛庙会百姓眼球的文娱活动。有唱大鼓、说相声、耍武术、卖把式等众多类型的活动将庙会推向一阵阵的高潮,这些艺人中有为观众熟悉与喜爱的老艺人傅士亭和侯五德。艺名"小蜜蜂"的张秀峰所唱的《刘公案》,声震北京。

在庙会中还出现了名叫"拉洋片"的土电影,用黑布围出一个单独的黑暗空间，空间一头是幕布，另一头是用日光为光源的放映机，利用小孔成像的原理，在放映机一头设置几个小孔，通过这样的方式就可以实现几分钟的"简略黑白电影"。这种颇具百姓智慧的活动深受孩子们的欢迎和喜爱。

塔院内除了有卖各种风味小吃的小贩以外，还有一些聚集在空地上进行医卜占相活动的摊位。这些摊主身着异服，嘴上喊着引人的口号，是庙会中最奇特的一道风景。

中华人民共和国成立后，出于保护白塔寺的目的，白塔寺庙会逐渐停办。

文脉传承

　　朝阜路之所以能够成为北京的文脉之街,就是因为它满布了历代尤其是近现代北京人精神建设、奋发崛起的标志性建筑。

古代北京，有皇家文化的殊荣，有市民文化的精彩；近代北京，有帝国主义强盗抢掠的身影，更有革命先驱救国救民，用热血与激情留下的恢宏记忆。无数仁人志士为挽救国家命运历尽艰险，远赴西方学习先进文化与科技，呕心沥血将西方文化与中国传统文化融会贯通。北京大学红楼培养了大批兼通中西文化的爱国学子；北平图书馆（旧址）将中国传统建筑技艺与新式图书馆文化完美结合，贮藏了数不胜数的文化典籍；中国美术馆中藏有蕴含丰富的西方技法、传统风格的艺术珍品。少年时代接受过私塾教育，后留学日本学医最终弃医从文的鲁迅先生，以深厚的文化造诣、广阔的世界视角、犀利的笔锋抨击着腐朽的封建文化与不良的舶来文化。静生生物调查所、中央医院（旧址）的出现填补了中国科学的空白，留下了科学先驱默默耕耘的身影……

所有的建筑都发散着文化传承、文化学习、文化创新的气息，这一切无不述说着为了奋起直追而永不磨灭的行进轨迹。

中西交融

北京大学红楼

北大红楼位于东城区五四大街 29 号。原为北京大学第一院。[北京大学前身是京师大学堂，于戊戌变法时开始筹建，初以和嘉公主府为临时校舍，清光绪二十四年（1898 年）十二月正式开办，1912 年京师大学堂改名为国立北京大学。]

1916 年，当时的北大校长胡仁源、预科学长徐崇钦借洋 20 万圆，在原汉花园学生宿舍东侧修建预科学生宿舍。1918 年 8 月，一座主体用红砖砌成的 5 层大楼拔地而起，这就是我们要说的红楼。

因楼的墙体和屋面大部分使用红砖、红瓦，故称"红楼"。红楼坐北朝南，呈"工"字形，连地下室共 5 层。红瓦坡顶，体量高大，东西面宽 100 米，主体部分进深 14 米，东西、南北均长 34.34 米，总面积 1 万平方米，砖木结构，建筑造型为简化的西洋近代古典风格。底层青砖墙，水平腰线以下，以宽大的水平凹线强调其厚重感。2~4 层为红砖墙，青砖窗套，角部以"五出五进"青砖做隅石处理。檐部以西式托檐石挑出。南立面中央部

北大红楼——主体建筑

分墙体微向前凸，顶部上折成西式三角形山花，窗户改为一大二窄的三连窗。底部入口为塔司干柱式的门廊。门廊两侧坡道可供车停至门前。门厅北部为主楼梯。两翼各有一部楼梯，通往后院。当时红楼的布局是：地下室为印刷厂；一层为图书馆；二层是教室、行政办公室（当时蔡元培校长办公室位于二楼西部今208室）和大教室；三、四层均为教室，设有教授休息室和学生饮水室。

1918年9月30日，文科教务处及文科事务室搬入红楼，随后北大校部各机构，包括校长、各科学长、庶务主任、校医陆续迁往红楼办公。10月2日，北大文科开始在红楼上课。从10月12日起，图书馆开始迁往红楼，10月22日图书馆主任发出公告："本馆办公室一概迁至新大楼第一层，各阅览室亦皆布置完竣，自今日起即在新舍照常办公。"图书馆的搬迁工作结束，意味着红楼已经完全投入使用。

　　1919年五四运动爆发，北大师生勇为前锋，以北大为主的北京高校3000多名学生从红楼北侧大操场出发，冲破军警阻挠，云集天安门，打起"收回山东权利""拒绝在巴黎和会上签字""废除二十一条""抵制日货"的大旗，要求惩办交通总长曹汝霖、币制局总裁陆宗舆、驻日公使章宗祥。游行队伍行至曹宅，痛打章宗祥，火烧曹宅。军警镇压并逮捕学生代表32人。随后出现工人罢工，各地学生团体、社会知名人士纷纷通电抗议。面对强大压力，曹、陆、章相继免职，总统徐世昌提出辞呈，6月28日，中国代表未在和约上签字。五四运动以学生和工人阶级的胜利宣告结束。五四运动后，红楼北面的大操场成为爱国青年学生集会、活动的重要场所，一些著名的学生爱国运动都由此开始，从此，

北大红楼——新潮社旧址

这里成为北方革命的活动中心。

北大红楼见证了新文化运动的蓬勃发展，见证了北大学子的拳拳爱国之心，见证了蔡元培校长谦恭和蔼背后的坚毅风骨，红楼从此名扬天下。随着五四运动的不断扩大，新文化运动的影响迅速波及全国，红楼逐渐成为"进步、民主"的象征，成为万千青年学子向往的地方。

北京共产党早期组织的发祥地

五四运动后，马克思主义和无政府主义常是青年学生谈论的主要话题。李大钊的图书馆主任室是当时信仰马克思主义的先进青年的会集之地，在这里常开展对马克思主义理论问题的辩论。1920年3月，北京大学马克思学说研究会在秘密状态下成立，实际成为北方宣传马克思主义的中心，其成员多是五四运动中的骨干和积极分子。研究会通过收集宣传马克思主义的书籍，举办座谈会讨论、组织出版工作等，把活动开展得有声有色。其成员发展很快。

1920年春，共产国际代表维经斯基来华，通过北大俄籍教员柏烈伟介绍，认识了李大钊，两人在红楼图书馆主任室谈话后，李大钊找罗章龙、张国焘、李梅羹、刘仁静等同维经斯基会面。

在维经斯基等人的帮助下，陈独秀以上海马克思主义研究会为基础，加快了建党工作的步伐，并在1920年8月，主持成立上海共产党早期组织。10月，在红楼图书馆主任室，北京共产党早期组织正式成立，当时取名为"共产党小组"。同年底，在这里又成立了"共产党北京支部"，李大钊任书记，张国焘、罗章

北大红楼——李大钊办公室

龙分别负责宣传和组织工作。随后陆续发展了一些成员，到1921年中国共产党第一次全国代表大会召开时，北京的早期党组织已拥有李大钊、张国焘、邓中夏、罗章龙、刘仁静、高君宇等十几名成员，他们大多是北京大学的进步师生。继上海、北京共产党早期组织成立后，在陈独秀、李大钊等人的影响和帮助下，武汉、长沙、广州、济南等地的先进分子以及旅日、旅法华人中的先进分子，也相继建立了中国共产党早期组织。

　　从北大红楼建成之日起，在李大钊等一大批仁人志士的不断努力下，无论在传播马克思主义方面，还是在发展、健全组织以及培养、准备干部方面，都为中国共产党的创立做出了重大贡献。由北京大学师生组成的北京共产党早期组织，是中国共产党北方组织的最早基础。正因如此，北大红楼在1961年即被国务院列为第一批全国重点文物保护单位。历史赋予这座红色建筑以新的含义，人们也从这座建筑中，隐约看到中国共产党从90多年前呱呱坠地的艰辛走向今日的辉煌。

毛泽东的红楼情结

俄国十月革命后，以吴玉章、蔡元培和李石曾为首的华法教育会首倡留法勤工俭学运动，在北京、上海、保定、蠡县等地设立了留法勤工俭学预备学校或预备班，向全国招生。1918年8月，为组织湖南新民学会会员和湖南学生去法国勤工俭学，毛泽东会同罗学瓒等12人由长沙前往北京。在老师杨昌济（杨开慧父亲）的帮助下，毛泽东在北京大学图书馆主任李大钊的手下做助理员的工作，每月工资8块银圆。

毛泽东在北大只是薪资微薄的图书馆助理员，但是却有了极为难得的读书看报机会，他每天到红楼一层西头靠南31号的第二阅览室（即日报阅览室）登记新到报刊和阅览人的姓名，管理15种中外文报纸。这些中外报刊最大限度地满足了他读报的需求。

当时在北大学习的，除正式学生外，还有大量旁听生。他们住在红楼附近的公寓或旅店里，到红楼教室听课，在红楼图书馆阅读，毛泽东就是其中之一。毛泽东还经常参加研究会的各项活动，比如新闻学研究会、哲学研究会，其中新闻学研究会对他影响最直接。毛泽东回到长沙后，于1919年7月14日创刊《湘江评论》，"以宣传最新思潮为主旨"，获得了极大的好评。1919年8月24日的《每周评论》称赞《湘江评论》"长处是在议论的一方面……'湘江大事述评'一栏，记载湖南的新运动，使我们发

北大红楼——毛泽东工作过的第二阅览室

生无限乐观。武人统治之下,能产出我们这样一个好兄弟,真是我们意外的欢喜"。

毛泽东在北大红楼工作期间,接触了许多革命青年,博览群书,研讨有关社会主义问题。他深受北京名流蔡元培、李大钊、陈独秀、胡适、梁漱溟等人的影响。埃德加·斯诺在《西行漫记》里谈到毛泽东时有过这样一段回忆:"我在李大钊手下,在国立北京大学当图书助理员的时候,就迅速地朝着马克思主义的方向发展。"

1919年底,毛泽东因为湖南省开展的"驱张运动"①再次来

---

① 张敬尧,时任湖南督军兼省长,在湖南施行暴政,压制学生运动。在毛泽东领导下,湖南各阶层联合,公开打出"驱张"旗帜,并派代表分赴各地争取支持。也称"驱张运动"。

到北京，虽然没有在北大校内工作，但他的许多活动却是在北大校内进行，或是与北大有密切关系。

"我第二次到北京期间，读了许多关于俄国情况的书。我热心地搜寻那时候能找到的为数不多用中文写的共产主义书籍。有3本书特别深地铭刻在我的心中，建立起我对马克思主义的信仰。我一旦接受了马克思主义对历史的正确解释以后，我对马克思主义的信仰就没有动摇过。这3本书是：《共产党宣言》，陈望道译，这是用中文出版的第一本马克思主义的书；《阶级斗争》，考茨基著；《社会主义史》，柯卡普著。到了1920年夏天，在理论上，而且在某种程度的行动上，我已成为一个马克思主义者了。"

1918年9月至1920年4月，毛泽东两度来京，其中在北大红楼度过了半年多的时光，并与北大的进步人士保持联系，虽然时间不长，但是这段经历对他却是极为重要的，对年轻的毛泽东来说，在北大红楼既是向新文化运动的先驱人物学习，又是对他自己的一种激励，而对马克思主义及中国马克思主义先驱的认识和接触更影响了他的一生。

日军铁蹄下的北大红楼

1937年七七事变后，日军的铁蹄践踏了古老的北京城，日本宪兵进入北大，维持会宣布"保管"北大，从此北大落入日伪之手长达8年之久。曾象征"民主""科学"的北大红楼在这个时期却记载着近代中国历史的屈辱。

当时刚刚在北京大学中国文学系毕业，并被留系当助教的吴晓铃，经历了红楼被占领的过程。他回忆道："我们跑到一楼正门，果然看见几辆卡车停在校外马路上,校门已经布上荷枪岗哨,一个佩刀的眼镜小胡军官带着几个兵向校内走来。我们便成了最后告别红楼的二老一少。"

日军进驻北京后,红楼成为日军的营地之一。从我们掌握的资料可以看到,在不到3个月的时间里,北大红楼至少曾有松井部队、小林部队、德川部队陆续驻防。而在换防期间,负责安全保卫之责的是北京大学校警。

1937年11月中旬,郑天挺、罗常培、陈雪屏、魏建功、包尹辅等陆续离开北平,经由天津、香港,转赴长沙。此时的北京大学,几乎已人去楼空。北大残局,交由周作人、马裕藻、孟心史、冯汉叔4位"留平教授"负责,每月寄给50元津贴费,他们的职责是看管好北大的校内产业。

这样,在1938年春天,北京大学第一院所在的红楼,实际已决定让出而交给日本宪兵队使用了。作为印刷厂的地下室变成了日本宪兵用以关押爱国志士的"留置场"(拘留所)。

1943年,北大红楼被交还给当时的伪北京大学使用。但在沙滩广场北面的楼里,依然驻有少量的日军。侵略者蹂躏红楼的痕迹仍然历历在目。据当时进入红楼上课的学生回忆:"日本宪兵队是从学校撤走了,但熄了火的烧人炉还耸立在红楼后边广场东墙下的衰草间,墙壁上黑乎乎的烟熏火燎;红楼地下室白墙上还飞溅着被关押拷打的中国人的斑斑血迹。"1945年日本投降后,红楼重新成了北大教舍。

1952年院校调整后,北大由城区迁至海淀原燕京大学旧址并与之合并为北京大学。1961年3月4日,红楼被国务院确定为全国重点文物保护单位;1996年和2002年,红楼先后两次被东城区命名为爱国主义教育基地;2002年4月,红楼被辟为"北京新文化运动纪念馆"正式对外开放,供来自世界各地的人们参观瞻仰。

北大红楼,因波澜壮阔的五四运动而蜚声海内外,铭刻着中国共产党创立的光荣历史,见证着沧桑的革命历程,为动荡时期的中国谱写了值得骄傲的乐章。如今,红楼依然矗立在阳光下,熠熠生辉,充满着活力与希望。

国家图书馆文津分馆

位于西城区文津街7号,1984年图书馆主楼即文津楼被公布为北京市文物保护单位,2006年成为全国重点文物保护单位,是北京第一座大型近代图书馆建筑。因其坐落在文津街,于是被称为国家图书馆文津分馆。

国家图书馆文津分馆并非一开始就在现在的位置,而是经过了多次馆址的变迁

国家图书馆文津分馆正门

最终馆落文津街。国家图书馆文津分馆的前身是清宣统二年（1910年）大学士张之洞所设的京师图书馆，位于什刹海广化寺。因广化寺"卑湿僻远，不便发展"，1915年改馆址于方家胡同。1925年，美国中华教育文化基金董事会与民国政府教育部协商，筹建京师图书馆。京师图书馆馆址在明代是玉熙宫，清代为饲养御马的御马监西马场，民国初年是军营、公府操场。确定馆址之后，为使图书馆建设资金使用效益最大化，公开征选设计方案，参选者一律使用编号而非本人名字以保证公平，最终中选者是美国建筑师莫律兰，当时这个方案被评价"颇能将现代图书馆之需要与中国宫殿式之建筑互相调和"。1929年3月北海新馆开工，1931年6月落成，定名为国立北平图书馆，7月1日开放接待读者。

国立北平图书馆将图书馆的功能与中国传统建筑结合得颇为完美，图书馆主楼平面呈"王"字形，图书馆主楼坐北朝南，外部造型仿照清宫式大殿楼阁，汉白玉须弥座石栏杆，绿琉璃瓦庑殿顶，斗栱梁枋施青绿彩画，柱身漆绿色；前楼和两翼用高档木门窗，中楼、后楼用实腹钢窗。

国立北平图书馆"占地七十六亩有余，门阁壮丽，室楼轩敞"，堪称当时远东地区最先进的图书馆之一，与美国国会图书馆相比也绝不逊色。有学人记载中央大厅两侧楼梯下的卫生间，铺地的六角小瓷砖，外面看不到里面、里面能看到外面的窗玻璃，全部都是美国货，比北京饭店还讲究。馆内有暖气、卫生设备等当时最先进的西式设备。

国立北平图书馆的馆址、馆建等各个方面耗费了创办者们的大量心血，在馆藏书目这一图书馆的"灵魂"方面则能看出创办者们一以贯之的高度重视。图书馆还在方家胡同的时候，图书馆内的藏书就在宋、元、明、清4代皇家藏书的基础上不断增加，这其中包括收购归安姚觐元"咫进斋"和南陵徐乃昌"积学斋"

文津楼

的私人藏书。不仅如此，在1916年4月教育部就发出通令：（今后）凡经内务部立案出版之图书，均应缴送一份给京师图书馆收藏。国立北平图书馆时期下设二会八部，这其中就包括一个专业性的购书委员会。多方努力之下的北平图书馆馆藏书籍拥有包括中文、满文、蒙古文、日文、西文普通书籍逾40万册，宋、元、明、清刊本、写本、抄本古籍逾3万册，金石拓片逾8000幅，舆图8000余幅。此外还有寄存图书6000余种3万余册，其中包括承德避暑山庄文津阁的《四库全书》等珍贵收藏。这也是文津街和文津分馆名称的来源。按蔡元培的说法，"新馆之建筑，采取欧美最新之材料与结构，书库可容书五十万册，阅览室可容二百余人，而形式则仿吾国宫殿之旧制，与北海之环境尤称。自兹以往，集两馆弘富之搜罗，鉴各国悠久之经验，逐渐进行，积久弥光，则所以便利学术研究而贡献于文化前途者，庸有既乎久，久爰志缘起，用勖将来"。由此可以想见图书馆在蔡元培等当时知识分子心中对维系中华文化作用有多大。

文津楼内部

中华人民共和国成立后，国立北平图书馆更名为北京图书馆，成为中华人民共和国唯一的国家图书馆。1982年，北京图书馆东楼建成，取名"临琼楼"，位于主楼东侧，建筑造型与主楼相协调，中部入口采用传统的卷棚歇山重檐、琉璃瓦屋顶，两翼为琉璃瓦坡檐盝顶，建筑下部为高大的平台基座。1983年，国家在海淀区白石桥兴建图书馆新馆，这里便成为分馆。国家图书馆

临琼楼

文津分馆不仅是古籍、善本的海洋，也是古代碑刻、石雕的集聚地。馆内有清乾隆十七年（1752年）立石的《乾隆上谕学习骑射国语碑》，清乾隆十八年（1753年）《乾隆御制诗》和清乾隆三十九年（1774年）《文渊阁记》的碑刻。除了这些碑刻外，不少圆明园的遗物在这里落地生根。文津分馆门

碑刻　　　　　　门口的石狮子

口的一对大石狮子,曾经在长春园大东门镇守;门内的一对华表则是从圆明园安佑宫前移来的。这些浓缩前人勤劳与智慧的遗物与文津馆融为一体,浑然天成!

北京鲁迅博物馆(北京新文化运动纪念馆)鲁迅博物馆馆区

位于西城区阜成门内大街宫门口二条19号,是鲁迅1924年5月至1926年8月在北京的居所,中华人民共和国成立后以故居为主题建立北京鲁迅博物馆。2014年,与北京新文化运动纪念馆合并为北京鲁迅博物馆(北京新文化运动纪念馆)。鲁迅故居1979年被列为北京市重点文物保护单位,2006年公布为全

鲁迅博物馆馆区大门

前院

国重点文物保护单位。鲁迅(1881—1936年)姓周,本名樟寿,字豫才,后改名树人。是中国伟大的文学家、思想家,中国现代文学的奠基人。鲁迅是他1918年为《新青年》写稿时开始使用的笔名。

鲁迅故居不是标准的四合院,是鲁迅亲自设计改造的带江南水乡韵味的小院,分前后两个院。前院是住宅,后院是小花园。前院主要有如意门1间,倒座房4间,正房3间,东西厢房各2间。倒座房是鲁迅的藏书室,全室用槅扇分成内外两间。屋里最多的就是书箱,鲁迅的各种藏书就放在这种箱子里,里间

鲁迅炭画像

和外间叠放了 30 多个。作为藏书室的倒座房，同时也是鲁迅的会客室。倒座房的外间是会客室，临窗放着两把藤椅，东边放着两把大的木方椅，靠南墙是两个大书柜，当年这里面满满地放着鲁迅收藏的各种期刊。东墙上挂着一幅鲁迅炭画像，这是青年画家陶元庆的作品，鲁迅极为喜爱。倒座房的里间也充当小客房，是为接待来访的朋友而准备的。当年鲁迅夫人许广平在受到学校迫害时，也曾来此居住过。

东厢房是当时女工住的地方，西厢房则是当时的厨房。

北房正面 3 间，东头的一间是鲁迅母亲鲁瑞的住室。屋内陈设简单，但颇有江浙风味。一个三面均有床栏的大木床，据说是鲁母从绍兴老家带过来的。1943 年老太太去世后，床送到周作人家，后又流散出来。1986 年才从一住户家中找到，将它放还鲁母的住室，恢复原样。木床上用的蓝粗布被单和蓝花麻布帐，

正房

也带有浓郁的绍兴农村的乡土气息。屋角一张藤椅，是鲁迅经常坐的地方。北房正中的一间，是全家人吃饭和洗脸的地方，屋内右侧放着方桌和洗脸架，洗脸架下放一铁筒，是用来提水的。进门处有一柳条箱，那是鲁迅放换洗衣服的地方。正房的西屋是鲁迅的原配夫人朱安的住室。房间陈设极为简单，一张4尺竹床，一张麻布帐，靠墙一个大黑柜。

3间北房后面接出一间，活像一条尾巴，被人们称为"老虎尾巴"，鲁迅自己称它为"灰棚"，也曾带讽刺意味地称它为"绿林书屋"，这是为反击当时污蔑他为"学匪"的人。"灰棚"是一

"灰棚"　　　　　　　　　　"灰棚"内部摆放

间仅有8平方米的斗室，鲁迅的工作室兼卧室就在这里。现如今"灰棚"内各种陈设均保持鲁迅生活时的原样，十分简单而紧凑。北墙上两扇大玻璃窗，东壁下放着一个三屉桌。这是鲁迅精心设计的，不只是考虑到经济，还考虑到采光。他曾说："开北窗在东壁下的桌子，上午、下午都可以写作、阅读，不致损害目力。其次是可以从窗口眺望后面园子里的景物。"鲁迅在《野草·秋夜》中写道："在我的后园，可以看见墙外有两株树，一株是枣

树,还有一株也是枣树。"这两棵枣树在鲁迅休息或远眺时不止一次地映入鲁迅的眼帘。三屉桌前放着一张磨得发光的藤椅,桌上放着鲁迅用的茶杯、烟缸、笔架、笔筒、钟等物件。书桌左角立着一盏不大的煤油灯,鲁迅的《秋夜》里也有这盏煤油灯的身影,其中就说到,一些小飞虫"在玻璃的灯罩上撞得丁丁地响。一个从上面撞进去了,它于是遇到火……两三个却休息在灯的纸罩上喘气,那罩是昨晚新换的罩,雪白的纸,折出波浪纹的叠痕,一角还画出一支猩红的栀子"。东壁挂着一张 3 寸照片,是 1904年日本仙台医学专门学校教鲁迅解剖学的教授藤野严九郎。照片背面写着:"惜别,谨呈周树人,藤野。"鲁迅之所以挂他的照片,是因为,"在我所认为我师的当中,他是最使我感激,给我鼓励的一个",鲁迅也曾写《藤野先生》一文来缅怀自己的老师。在藤野先生照片下方,还有一张俄国作家安特莱夫的相片。东壁上还有司徒乔所画的一幅素描《五个警察和一个〇》,西墙上挂着一幅水粉风景画和孙福熙所作《山野缀石》封面画,除此之外还有一副对联:"望崦嵫而勿迫,恐鹈鴂之先鸣。"这是鲁迅自己集《离骚》句,特请一位擅长书法的教育部同事乔大壮所写。北窗下两条长凳搭上两块木板组成了鲁迅的床,垫的和盖的都很薄,而冬天"灰棚"里也不单独生火,是和中间吃饭的屋子共用一个炉子。鲁迅床上的一对枕头,上面绣着色彩鲜艳的图案,一个上面有"卧游"二字,一个上面有"安睡"二字。这是许广平做鲁迅学生时亲手缝制的。就这样一个用两块木板拼接的床下面也没有闲置,鲁迅在床下放置了一个椭圆形的藤篮,装着鲁迅日常使用的衣物,

鲁迅手植黄刺玫

是为应急避难拎起来可以立即离家而提前准备的。

后院则生长着鲁迅最喜爱的植物，其中有一株黄刺玫是鲁迅亲手种植的。

鲁迅就在这里，写下了《野草》《华盖集》的全部及《华盖集续编》《彷徨》《朝花夕拾》《坟》中的部分文章以及翻译作品等200余篇，因此周恩来总理曾说过"故居虽小，意义和价值并不小"。

1926年鲁迅离开北京南下之后，辗转定居上海。鲁迅母亲嫌居室太小，将北墙外推与"灰棚"的北墙齐平，原先一座"品"字形的房间格局就变成了北斗形。鲁迅母亲过世之后，朱安移居于鲁迅母亲居住的房间。朱安去世后，鲁迅故居空无一人，处于非常危险的境地。多亏鲁迅的朋友王冶秋、徐盈、刘清扬等利用法院将它查封，鲁迅故居才得以保存下来，直到中华人民共和国成立后由人民政府接管，1950年由中央文化部文物局接管鲁迅故居并对故居按原样进行修缮。

现如今鲁迅故居早已不再是孤零零的一处居所，而被北京鲁迅博物馆（北京新文化运动纪念馆）鲁迅博物馆馆区容纳进去组成了缅怀鲁迅的圣地。鲁迅博物馆馆区初建于1956年，在鲁迅100周年诞辰的时候又进行了扩建。1994年，在故居的东侧建成

鲁迅博物馆馆区陈列厅

新展厅，是一座北京四合院形式的仿古建筑，青砖灰瓦，与周围环境融为一体。新展厅南面一直到大门北侧是宽阔的绿地，绿地的中心是鲁迅塑像。

鲁迅博物馆馆区征集、保存的鲁迅文物和有关鲁迅的研究资料等，目前是国内最多的，其中包括1956年许广平捐赠的大量鲁迅文稿、墨迹、日记、书信以及全部藏书。在展厅内，用大量的照片、绘画和实物，生动地展示了鲁迅勤奋学习、奋力创作的一生。展品中有他全部著作、日记、书信、译文，也有鲁迅留学日本时，藤野先生亲笔为他修改过的医学笔记；有鲁迅在北京教书时用过的讲

藤野先生铜像

义夹和修书工具，以及他收藏编辑的木刻版画集；有他手书的"横眉冷对千夫指，俯首甘为孺子牛"的条幅；还有一些日常用品如毛笔、眼镜、衣帽等。为加强对于鲁迅的研究，在鲁迅博物馆馆区内还设立鲁迅研究室，由研究室编刊的《鲁迅研究资料》已全国发行。

鲁迅博物馆馆区不仅是纪念与缅怀鲁迅的神圣场所，也成为北京市爱国主义教育基地。2009年，鲁迅博物馆馆区被北京市教委确定为第一批中小学校第二课堂教学基地，随后又被市教委确定为44家重点资源单位之一。各中小学校也经常组织学生到鲁迅博物馆馆区进行现场教学，感受鲁迅投枪和匕首般的文笔与炽热的爱国之心。

《阿Q正传》手稿

鲁迅博物馆馆区研究成果

鲁迅故居被列为北京市爱国主义教育基地

中国美术馆

中国美术馆是以收藏、研究、展示中国近现代艺术家作品为重点的国家级美术博物馆。该馆位于东城区五四大街1号，始建于1958年，1963年竣工，由著名建筑大师戴念慈先生主持设计，并且在周恩来总理关心和直接过问下完成设计和施工工作，是中华人民共和国成立10周年十大建筑之一，也是中国最大的美术馆。1963年6月，毛泽东主席题写"中国美术馆"匾额，明确了中国美术馆的国家美术馆地位及办馆性质。

其主体建筑为仿古阁楼式现代建筑。顶部用黄色琉璃瓦装饰，四周有廊榭围绕，具有鲜明的古典民族建筑风格。主楼建筑面积18000多平方米，1~5层楼共有17个展厅，展厅总面积8300平方米。1995年新建现代化藏品库，面积4100平方米。馆内分上、中、下3层共13个展厅。园厅面积为480平方米，适合悬挂巨

毛泽东题写的中国美术馆匾额

1965年的中国美术馆

幅作品。一楼东、西侧厅各470平方米，配有高大玻璃展柜，4个角厅各500平方米。二、三楼展览场地与主厅相对应。新型藏画库面积达5000平方米。馆内还设有美术品展销厅和艺术品服务部。

建馆伊始，中国美术馆即把征集藏品放在重要位置，收藏品类主要有绘画、雕塑、陶艺、民间美术等数十个品类。1961年成立了包括刘岘、江丰、米谷、郑野夫等人在内的"收购小组"，开展美术作品的征集和研究工作，第一批入藏的作品有石鲁、林风眠和傅抱石的中国画各6幅及一批当代版画。经过收购小组不辞辛苦的工作，到1963年开馆之际，已有美术藏品5000余件。中国美术馆获得的第一批捐赠，是1961年岭南画派"三杰"之一陈树人的夫人居若文女士捐赠的116件陈树人作品。1964年，时任人民日报社社长兼总编辑的邓拓，将个人珍藏的145件（套）中国古代绘画作品捐赠给中国美术馆。近年来，中国美术馆陆续

中国美术馆现貌

接受了艺术家或家属捐赠的李平凡、刘迅、张仃、华君武、赵望云、唐一禾、滑田友、文楼、吴作人、靳尚谊、吴冠中、力群、秦宣夫等人的作品，馆藏品与日俱增。

据中国美术馆概况显示，该馆近年收藏各类美术作品 10 万余件，以中华人民共和国成立前后时期的作品为主，兼有民国初期、清代和明末的艺术家的杰作，藏品中主要为近现代美术精品。其中有对 20 世纪中国传统绘画产生重要影响的艺术家的作品，仅齐白石的作品就有 410 件，另包括任伯年、吴昌硕、黄宾虹、林风眠、刘海粟、蒋兆和、司徒乔、董希文、罗工柳、傅抱石、潘天寿、吴作人、刘开渠、滑田友、华君武、叶浅予、李可染、张仃、吴冠中、张大千、靳尚谊、朱宣咸、罗中立、陈丹青、刘大为等中国美术大家之作和大量经典作品。还包括大批中国著名美术家的代表作品和重大美术展览中的获奖作品，以及丰富多彩的民间美术作品。近年，已有俄罗斯、乌克兰、意大利、法国、加拿大、埃及、巴西、韩国、日本等众多外国艺术家的作品入藏中国美术馆。在对外文化交流日益扩大的形势下，收藏范围不断扩展，国际艺术品收藏已纳入日常工作范畴。收藏在馆藏品中的德国收藏家路德维希夫妇捐赠的欧美国际艺术品117件，其中有毕加索作品4幅，这是我国首次大量收藏西方艺术品，还有非洲木雕及其他外国美术作品数百件。

此外，美术馆还担负着主办各种类型的中外美术作品展览，进行国内外美术学术交流，建立中国近现代美术史料、艺术档案，编辑出版藏品画集、理论文集等重要任务。

自建馆以来，中国美术馆已举办数千场具有影响力的各类美术展览。1962年5月23日至7月23日，由文化部和中国美协主办的"纪念毛泽东《在延安文艺座谈会上的讲话》发表20周年全国美术展览会"在新落成的中国美术馆举行，展出作品达2000余件，此次大型展事即第三届全国美展，也是中国美术馆举办的第一个大型展览。近年美术馆自主策划实施的大型展览有："群珍荟萃——全国十大美术馆藏精品展""从延安走来——纪念毛泽东同志《讲话》发表70周年美术作品展""百年风云·壮志丹青——纪念辛亥革命100周年美术作品展""光辉历程·时代画卷——庆祝中国共产党成立90周年美术作品大展""中国美术馆捐赠50年""国际新媒体艺术大展"等展览。

除具有影响力的全国性展览外，影响较大的国际展览有："美国哈默藏画 500 年名作原件展""法国 19 世纪农村风景画展""毕加索绘画原作展""德国表现主义版画展""罗丹艺术大展""夏加尔艺术大展""米罗东方精神艺术大展""奥地利国家博物馆藏品展""非洲艺术大展""俄罗斯油画展""达利艺术大展""日本富士美术馆藏品展""法国印象派绘画珍品展"及近期举办的以"仲夏法兰西—北京"为主题的 2005 年中法文化年闭幕系列艺术展等。国际美术交流是国际文化交流的重要组成部分,作为国际美术交流的窗口,在中国美术馆举办的许多国际美术展览,为美术界和公众了解与认识世界优秀美术、展现我国对外开放的文化形象起了积极的作用。

同时,中国美术馆馆藏品先后赴法国、美国、俄罗斯等国展出,在欧、美、亚洲多国举办了大量现当代中国美术展和民间艺术展,如美国肯尼迪艺术中心、美国费城卓克索大学美术馆、英国伦敦大英博物馆、德国柏林亚洲博物馆、德累斯顿国家艺术收藏馆、比利时皇家美术馆、瑞士比尔当代艺术馆、瑞士巴塞尔动漫美术馆、日本东京国立博物馆、日本富士美术馆、韩国国立现代美术馆、莫斯科博物馆、白俄罗斯国家美术馆、阿尔巴尼亚国家美术馆、澳大利亚国家博物馆、匈牙利国家美术馆等,展示了中国传统文化及现当代艺术和而不同的魅力,取得了广泛的国际反响,同时为宣扬中国美术事业的成就和美术交流做出了积极贡献。并多次赴香港、澳门、台湾等地区举办展览,保持着同港澳台地区博物馆、美术馆等艺术机构良好的发展与合作关系。

中国美术馆是向大众普及美育的重要艺术殿堂,为了更好地提供公共文化服务,中国美术馆在全国美术馆界较早组建专门职能的公共教育部,并长期吸收实习生和组织志愿者参与工作;拓展公共教育,创新服务形式,营造美术馆文化家园。近年来,通过举办各类公共教育活动,直接服务观众近百万人次。此外顺应信息技术的发展,中国美术馆也注重通过网站及"数字美术馆"项目建设延展公众服务内容和手段,在近9年的建设中,网站3次改版,建成10多个美术数据库,日益成为广大公众欣赏美术作品、参观美术展览、了解美术资讯、学习美术知识的美术信息发布、检索与共享平台。

2002年5月,中国美术馆开始对主楼实施改造装修工程,2003年5月竣工,展厅设施、灯光照明、楼宇自控、恒温恒湿、消防报警、安全监控系统都达到了国内领先水平。作为国家最重要的美术作品典藏和展示机构,中国美术馆成为广为人知的地标性建筑。

师洋启新

北京水准原点旧址

位于西城区西安门大街 1 号,北京大学第一医院妇产儿童医院院内,是北京乃至华北地区建设的具有特殊功能,风格独特,具有近代建筑特征的一处重要的建筑物。

水准原点旧址是中华民国陆军部测地局招聘日本商人在 1915 年设计建造的,是北京地区乃至华北地区建造最早的水准原点,填补了我国北方地区在这方面的空白。水准原点是某一地区计算水准点最原始的基准点,所有的地形图、各种类型的建筑物、地下构筑物、管网以及各等高程控制点,必须有一个统一的高程,而作为高程的起算,就是水准原点。北京水准原点则是以黄海平均海平面为基准的。

北京水准原点建在一栋花岗岩砌筑的屋内,房屋平面呈正方形,为单层建筑,正面朝向南方,入口设在北方。主体建筑面积 22.5 平方米,高 4.58 米,仿希腊古典建筑造型。正面由两根花岗岩石柱支撑的三角山花组成门头,内置"水准原点"石刻匾额以及观察窗,匾额的上下落款介绍了 1952 年 9 月中央人民革命军

北京水准原点外观

事委员会总参谋部测绘局重修时装嵌水晶标尺的经过。最下侧的观察窗平日以铁窗门锁住,打开铁窗门就可以看到北京水准原点的水晶标尺。观察窗外台阶地面上的东、西两侧,刻有两个椭圆形半圆石包,为东、西参考点。

  水准原点则位于屋内中央,由地上部分和地下基础部分组成。地上部分由3部分组成:上为一块长形花岗岩台石,长2.81米,前宽0.45米,后宽0.9米,前端厚0.39米,后端厚0.43米,重量大约2.6吨;台石的南侧面正对观察窗,上镶水晶标尺,注记为"0"的分划代表原点高程位置,零分划上、下分别注记8厘米16个分划。台石下为一块八边形的花岗岩承台,厚0.4米,重4.8吨。最下面接近地面为混凝土基台,外表砌砖,圆柱体,直径2.28米,高0.6米,与地下基础连接。地下基础部分自地面起算的埋深为 10.5 米，为混凝土浇灌圆柱体，四周衬砌砖及沙土。最下层为一块混凝土盘石，2.4 米 ×2.4 米 ×1.2 米，作为承台。整个地下基础部分的总重量约为 39.9 吨。鉴于北京水准原点旧址建筑所包含的历史、科学价值，它已不仅仅是市政建筑，也成为一处重要的文物。

中央医院

位于西城区阜成门内大街 133 号，2007 年被列为西城区文物保护单位，现如今是北京大学人民医院儿童眼病中心。

1915 年由国际知名流行病及防控鼠疫专家伍连德倡议兴建，由曹汝霖等 20 多人出资，获得交通、财政、银行及警署等多方支持，1916 年奠基，1917 年建成，1918 年 1 月 27 日正式营运，伍连德任首任院长。伍连德（1879—1960 年），祖籍广东新宁，生于马来西亚槟榔屿。曾在英国剑桥大学学医，回国后在东北等

中央医院现貌

地开展防疫工作。1915年与他人在上海成立中华医学会并担任秘书、会长。中央医院是中国人在北京创办的第一所新式医院，打破了外国人创办新式医院的垄断局面。为有效使用资金，将门诊、各科病房及辅助医疗全部集中在一栋主楼中。医院主楼坐北朝南，为钢筋混凝土结构，是典型的美国式医院建筑。"一"字

中央医院主楼平面展示图——展翅蝴蝶图

形主楼主体两端附有侧翼，平面呈对称展翅蝴蝶状，全长78米，进深约30米，高约19.5米，主体4层，侧翼3层。主楼是灰色清水砖墙，现浇钢筋混凝土楼板，主体顶部为木屋架坡屋面，两翼平顶做西式低挑檐，上有女儿墙栏杆，其水平挑檐将主体与两翼统一为整体。主楼立面正中以4根大柱廊装饰，窗间墙有砖砌筑之线角。大门设在2层，大台阶下为1层入口，由两侧坡道入内。医院设有集中供热的热水管道系统，布置3处楼梯，并设有

1部升降电梯。医院使用的都是当时最先进的设备，可以同时容纳150人住院，在当时这已经是一个天文数字。1946年医院主楼两翼各加建了1层病房。20世纪80年代顶层失火，将主体4层全部拆除，改为平顶屋。1990年，医院搬迁至西直门立交桥西南侧新楼，阜成门旧址成为住院部。现如今是北京大学人民医院儿童眼病中心。

静生生物调查所

位于西城区文津街3号，国家图书馆文津分馆主楼西侧。

静生生物调查所于1928年成立，以范静生命名。范静生（1875—1927年），湖南省湘阴县人，著名教育家，民国时任教育总长、北京师范大学校长、南开大学的创办人之一。范静生生前热衷生物学研究，他去世后由其弟范旭东（1883—1945年，中国化工实业家，中国化学工业奠基人，"中国民族化学工业之父"）于1928年4月捐款创办调查所。最初以范静生本人住宅（西城区石驸马大街83号，今新文化街86号）为调查所所址，临街墙上镶有汉白玉石的"静生生物调查所"的标志。随着业务的扩大，旧所址已经满足不了实际需要，于是在文津街3号新建3层楼房

范静生

作为新所址。1931年新所址落成,石驸马大街旧址改为通俗博物馆。动物学家秉志、植物学家胡先骕先后任生物调查所所长。据《旧都文物略》记载:"自成立八年来,由研究员至各地调查生物状况,并采生物标本,辄远至山西、河北、山东、热河、察哈尔、四川、陕西、河南、湖北、辽宁、吉林、江西、湖南、贵州、福建、浙江、江苏、广东、西康,更由云南深入大、小凉山猡猡居住地。又如海南岛五指岭,皆有会员足迹。历年辛苦成绩:所集标本计14.8万余件,植物8万余株。其出版之《志说图谱》,在学术上极有价值。"调查所还在江西庐山创办森林公园。到1937年,静生生物调查所成为我国藏有动植物标本最丰富的单位,为我国动植物分类学未来的发展打下坚实的基础。

中国地质博物馆

位于西城区西四羊肉胡同15号,为国家级博物馆,也是亚洲最大的地质博物馆。

中国地质博物馆是从一个100平方米的陈列馆发展起来的。1916年,民国政府农商部地质研究所学员将实习期间采集的数千件标本存放在北京丰盛胡同3号设立的一个100平方米的陈列室

翁文灏

中国地质博物馆外观

中，章鸿钊[1]、丁文江[2]、翁文灏[3]（3位都是中国地质学奠基人、地质学大师）等人也都将这处陈列室视为中国地质博物馆的雏形和发源地。1921年，陈列馆由原来的100平方米扩充到400平方米，标本3000件。1929年面积增至700平方米，标本数量也有很大增长。1932年，陈列室面积达到1000多平方米，陈列内容增加了煤炭、石油等部分。1935年，中央地质调查所迁往南京，在南京建立新所址，内设地质矿产陈列馆，总面积1500平方米，

---

[1] 章鸿钊（1877—1951年），中国近代地质学家、地质教育家、地质科学专家，中国近代地质学奠基人之一。

[2] 丁文江（1887—1936年），地质学家、社会运动家。首任馆长。

[3] 翁文灏（1889—1971年），中国最早期的地质专家之一，对中国地质教育学、矿产开探、地震研究等多方面做出了杰出的贡献。第二任馆长。

矿石展

之前建立的地质陈列馆依然保留在北平。抗日战争期间,地质陈列馆遭到日军破坏,损失惨重。中华人民共和国成立后,地质陈列馆大楼在西四羊肉胡同建成并发展到今天的规模。

中国地质博物馆在长期历史发展过程中,积淀了丰厚的地质精华和无形资产。博物馆馆藏地质标本20余万件,涵盖地质学各个领域。其中有蜚声海内外、堪称"国宝"级的目前世界上最高大、保存最完整的恐龙化石——巨型山东龙,在辽宁西部发现的对研究鸟类的起源有重要价值的原

板块碰撞模拟试验台现场展示

始鸟——中华龙鸟等恐龙系列化石，北京人、元谋人、山顶洞人等著名古人类化石，以及大量集科学研究价值与展览观赏价值于一身的鱼类、鸟类、昆虫等珍贵史前生物化石。除此之外，还有种类繁多的宝石、玉石和中国特色矿物标本。

中国地质博物馆在馆藏丰富的基础上开展研究，取得多项科研成果并出版一系列专著。其中，宝石研究带来巨大的社会影响，引导、带动了当代中国宝石科学研究、知识普及和市场消费。中国地质博物馆将科研成果与博物馆的职能很好地结合在一起，常年开放独具特色的地质展览。为达到更好的展览效果，采用大量数字化、仿生、虚拟现实等技术，让观众在浓郁的科学氛围中，通过亲眼所见、亲手操作和亲身体验，化繁为简、化难为易，轻松步入精彩纷呈的地学空间，感受与理解地质科学。

中国地质博物馆作为国家级博物馆，每年接待中外观众达数万人次，最多时达 10 万人次。众多观众积极参加博物馆举办的形式多样的科普讲座、科普巡展、科普咨询等各种地学科普活动，受益匪浅。因此该馆获得了"国际科学与和平周"中国组委会授予的"科学和平教育基地"称号。一年一度的全国青少年地学夏令营和博物馆创办的《地球》杂志已经成为该馆颇具影响力的品牌。中国地质博物馆是中国地质科学发展历程的一个缩影，也是传播地质知识的大众课堂。

雅居名庭

朝阜路两侧既有象征传统风貌的四合院,又有展现时代发展的西式建筑。二者对于朝阜路而言非常重要,少了哪一部分,朝阜路的文脉特性都会被极大削弱。随着时间的推移,传统四合院遭受了过多破坏。众多学人专家实践探索,建言献策,力求找到一个完美的平衡点。

朝阜路是条老路，老到保留了自元代至今的很多建筑；朝阜路是条新路，新到它的名称于 20 世纪末才出现。政府出于从整体进行保护、开发的目的而以"朝阜路"称呼它。而这条路上最普遍、最易见却容易被忽略的就是四合院。西方建筑文化进入中国后，以美观、便利、实用而风靡，代表一种潮流。朝阜路上也出现了一些西式建筑，这些建筑是朝阜路文脉之路的重要部分，不可或缺。而在这一潮流席卷过程中，四合院遭受到破坏。所幸多年的探索已找寻到保护四合院行之有效的办法，四合院恢复往日光辉已指日可待。

天壤民居

传统四合院

古老的北京离不开四合院，四合院是这座历史文化名城的细胞；同样，朝阜路也离不开四合院，四合院是朝阜路这条文化大动脉的血液。

元、明、清时期，朝阜路两侧分布着众多规制完整的四合院。这些四合院的居住者有普通百姓、达官显贵、王室宗亲，府主的身份地位差异极大。因此四合院承载着韵味最浓的北京文化——缙绅文化与民俗文化。朝阜路上的西四头条至八条、阜成门内大街、东四等保护区之所以能被列为历史文化保护区，很大一部分原因是这些地方将北京的四合院与传统文化较为完整地保留了下来。

在朝阜路上最典型的四合院集群便是西四地区与东四地区的四合院。

西四地区，是北京历史文化保护街区之一，包括西四头条至西四八条东西走向的8条胡同。这些胡同宽4~6米，形成于元代，至今仍基本保持明、清街道的规模和格局，承载着丰厚的北京历史文化，是北京传统四合院的代表地区之一。

西四北头条胡同介绍牌

根据历史记载，由于西四紧邻皇城西侧，位置优越，许多王府和官员府邸兴建于此，西四也就成了达官显贵和富人的专用高级住宅区。作为高档住宅区，西四在初创时街巷平直，胡同平均宽度达到9米，房屋规整，而且以大型宅院为主，颇具气势。现在的西四与元朝相比，发生了很大的变化。通过元朝直至民国时期的历史地图比较，可以发现旁支小道增多，胡同渐渐变窄，最后演变为现在的样子。

现在西四保护区内的四合院以清朝末年民国初年修建的占多数。在一段时期内，较多的四合院受到不同程度的破损，经过认

现为幼儿园的马福祥故居

真专业的整治，西四地区已恢复原有的古风古貌。

由于胡同的历史变迁、产权更换，昔日达官显贵和富人居住的高级住宅区，成了普通百姓居住地，还有一些院落成为名人故居、教学场所。

游览朝阜路传统四合院，领略空间的不断变换以及建筑组合方式，赏玩精美雕刻艺术，体味深厚的文化意蕴，由此避开喧闹的大街，仿佛置身桃源仙境。

西式新建筑

现今朝阜路现代化气息浓厚，大都市色彩强烈，这一切都源自鸦片战争之后，中国的国门被打开。带来屈辱的同时，西方的先进文化也慢慢地进入中国。及至清末、民国"西风渐劲"，西式建筑在这个时期大量出现。以清光绪三十二年（1906年）兴建中央农事试验场大门为标志，"西洋楼式"作为一种"门面建筑"的样式出现在北京的街道上，尤其是资本家和商人为迎合社会风气，招揽顾客，将商业建筑修建改造为"西洋楼式"的"门面建筑"。

在传统四合院集聚的东四地区，一些院落受到了西式建筑风格的影响。东四六条6号院是一个规模有限的二进院落，引人注目的是四合院的门楼和院内房屋建设风格颇具西洋风范。院内建筑的屋顶是合瓦过垄脊，南房明间檐下是西式装饰，此种形式在北京宅院中颇为罕见。

除了民居受到的影响外，朝阳门地区也出现颇具特色的西式建筑，其用途都与教育有关。

美国学校位于朝阳门内大街头条203号，建于20世纪初，距今已有近百年历史。楼房地上3层，正面设8根爱奥尼式石柱，

东四六条6号门楼

美国加州话语学校 　　　　　华北协和话语学校原址

简洁庄重，为典型的美国古典折中主义风格。

美国加州话语学校位于朝阳门内大街 81 号，由美国传教士于宣统二年（1910 年）建立。现存楼房两座，均为典型的 20 世纪初欧美折中主义风格。此楼为华北协和话语学校原址，美籍学者费正清于 1932 年曾在此学习语言。

今日朝阳门内大街

庭院难寻

现状溯源

　　大杂院——北京四合院的变种，在四合院中占极大比例，是研究朝阜路四合院不可回避的主题。

　　北京的四合院一直以来是以家族为居住对象的，尤其是东城

自建建筑

和西城的四合院,每个院都是一个大家族居住,尽量避免不同家族之间的混居。中华人民共和国成立后,外来人口的迁移和人口生育率的增长造成房子短缺的状况。面对这样的现状,人们首先采取打隔断的方法,将原来一间房子变成两间、三间。房屋内部隔断饱和,能使用的只有四合院的院和四合院中的公共空间,于是在"文化大革命"时期及随后的一段时间内,北京掀起自建房风潮。

打隔断、自建房等一系列措施催生出的是拥挤的胡同、狭窄的小屋、脏乱的卫生条件和重大的安全隐患,四合院的居住适宜度直线下降,从原来阳光明媚、鸟语花香、雕梁画栋、自得其乐的景象,彻底沦为大杂院的拥挤不堪。

剧作家郭启宏在一篇文章中写道:"我居京近 40 年,前半段

狭窄的通道

住四合院——实际上的大杂院,不是东房就是南房,俗话说'有钱不住东南房,冬不暖来夏不凉',我箪食瓢饮,只好居陋室。冬天屋里生炉子,炔一室狼烟;夏天炉子移到房檐下,风雨又来添乱。更无奈的,几米远的角落,一扇破木头门略略遮着,那是院内的公共厕所!""从院内看,绝无隐私可言,白天众目睽睽,无计相回避,夜晚鼾声若雷鸣,便溺声如钟鼓,些微音响穿门度窗,好一个'锁闭式结构'!"仅此数端,便足以叫人咒骂四合院了!

面目全非、已经成了大杂院的四合院还要保护吗?借用民俗学先辈邓云乡先生曾说过的一段话:"海外的好古之士,羡慕北京的四合院,只是想象羡慕那种古老承平时代的旧都风情,并不单纯是向往四合院。同北京住房类似的四合院,如果盖在其他地方,那味道就不一样。如北京附近各县直到天津、保定一带的四合院,格局也同北京城里的院子差不多,可是住着感觉就两样,原因是旧时北京城凝聚、弥漫着几千年全国的传统文化气氛。这在别的地方是找不到的。"这就是北京四合院特点所在,魅力所在。

保护之举

以北京的整体视角探寻保护四合院的有效之法,对朝阜路四合院有极为重要的借鉴意义,所以本节以整体作为出发点。

四合院功能的缺失、环境的恶劣,逐渐显露出不能适应现代社会的疲态,而且不断有四合院因缺乏修缮和保护而成为危旧房。城市现代化的过程中,四合院逐渐被高楼大厦所取代,已严重威胁到北京的历史面貌和文物价值。建筑专家、文保学者的大声疾呼，房产商毫无节制的拆建都引起了政府、社会对四合院的关注，随之而来的就是保护。在城市迅猛发展的今天，改革、创新、适应已经成为时代的主题，四合院也需要添加新的时代理念。

2007年，投资达10亿元的四合院和胡同整治工作在北京展开。可以说，这是中华人民共和国成立以来北京市在四合院保护方面投入人力、物力、财力最大，保护改造规模最广的一次工作。这次四合院大规模整治工作严格按照修旧如旧、保持格局的原则。在这次四合院和胡同整治工作中，朝阜路上西四、东四等重点区域得到修缮。为了保证这次四合院与胡同的整治效

展现传统文化技艺的砖雕　　　　　保护院落标识（蓝牌）

果，北京市规划委员会、北京市建委和北京市文物局于2007年末联合下发了《北京旧城房屋修缮与保护技术原则》。著名文物保护专家谢辰生对《北京旧城房屋修缮与保护技术原则》给予高度评价，认为这个文件把文物保护工程与民生建设工程统一起来了，文物得存、百姓得利，善莫大焉。这次大规模的改造，受到专家们的交口称赞！北京市以政府主导、财政出资的方式，

修缮后的西四胡同

制定了一系列既有全局战略高度,又有精确完备细节,并且可实现的举措,在保护历史文化名城和改善居民生活水平之间找到了恰到好处的平衡点。

脚下之路

朝阜路作为北京的文脉，保留了众多历史古迹。为此政府按照保护、建设、推广的良性循环模式为朝阜路的保护与开发制订了周密的方案。可以想见，承载历史文化底蕴的朝阜路将永久地被保存下去。

朝阜路作为北京城市的文脉，保留了自元代至今的历史古迹，因此朝阜路具有很高的历史价值和文化价值。20 世纪 80 年代，朝阜路开始进入政府的视野，保护朝阜路提上日程。从历史文化保护区包括五四大街、文津街，到"十五"计划中历史文化名城的保护目标，从朝阜大街城市设计国际方案征集，到"十一五""十二五"政府工作计划中朝阜路地位的不断提升、保护措施的日益明确，朝阜路受到了与其价值相符的关注。

从世俗文化来看，朝阜路承载帝王文化、皇家文化、民俗文化、五四新文化、中华人民共和国文化于一街。从宗教文化来看，朝阜路集佛教、道教、基督教、天主教、伊斯兰教等几大宗教于一街。可以这么说，横贯北京旧城的朝阜路是一条美丽景点遍布、文化氛围浓郁、旅游产业青睐，能够充分体现北京历史文脉特色的大街。

通过对朝阜路上不同景区景点的研究建设，深入发掘朝阜路商业文化价值，打造出一批在国内外享有盛誉的文化精品；同时对沿线道路与房屋街巷进行适时适度的改造，使朝阜路沿线景点与周围环境浑然天成、融为一体。

保 护

全局方案

从 2002 年 4 月份开始，北京市规划委利用两个月的时间完成《朝阜路设计规划方案征集书》的编制工作，同时利用 3 个月的时间开展方案征集。10 月 23 日，《朝阜路设计规划方案》专家评审会召开，对设计方案进行了审议。

规划范围：朝阜大街东起朝阳门，西至阜成门，由朝阳门内大街、东四西大街、五四大街、景山前街、文津街、西安门大街、

《朝阜路设计规划方案》规划范围

以"墙"为主题的街道

西四东大街和阜成门内大街 8 条街道组成，总长度约 7.45 公里，规划范围约 3.5 平方公里。沿途有西四、东四等繁华商业区，两侧有故宫这样的世界级文化遗产和中南海、北海、景山等国家级、市区级文物保护单位共 47 处。

  规划内容：《朝阜路设计规划方案》中提出在朝阜路西段以"院"为主题，结合现状保留大片传统四合院，在阜成门与羊肉胡同之间形成一条以院落模式为主的文化商业街；把中段现有的中南海红墙、团城、北海、故宫、景山、大高玄殿的墙都透露在街道上，以表现中段"墙"的主题；以"坊"的主题规划东段各街坊内的功能布局，对隆福寺与东四牌楼地区周边进行严格控制和恢复整理。在阜成门与朝阳门修建体现城门思路的标志；恢复东四、西四的古旧牌楼；降低车流量，局部改造成商业步行街。

  东段：自东皇城至朝阳门，包括朝阳门大街、东四西大街。

其中朝阳门内大街道路宽度已经拓宽至 60 米，建筑物的尺度较大，现代化气息较浓，保护工作强度不大。规划中强调保护尚未破坏的城市肌理，以"坊"为主题，对隆福寺、东四牌楼等地区周边进行严格控制和恢复整理，以保留部分历史风貌。同时，引入实体开发改造东段民居区，吸引具有老北京特色的零售业、服务业入驻。在保持建筑原有风貌的前提下，增加基础设施，控制城市街坊尺度，延续原有结构特征。

故宫护城河风貌

中段：中段是皇城保护区，分布着北海、景山、故宫等重要文物建筑群，是严格保护的历史文化地段。将西安门—西什库教堂—西黄城根地区做单独处理，改善交通条件，建成半步行街模式的观光旅游带。中段文保工作主要集中在景山前街，主要包括维持城墙、护城河及景山公园原貌，保持朝阜大街历史风貌的一

陟山门街

致性。

　　位于北海公园东门至景山公园西门之间的陟山门街，已从历史上皇帝的登山御道，转变为今天人们居住、休闲旅游的重要街道。目前，急需加大这一街区保护修缮的力度，改善周边环境，建成北京有影响力的历史文化标志性街区。

　　西段：西段承接什刹海、鼓楼，属于老北京历史文化风貌保存情况最理想的路段。高度密集的历史文化景点互相联系交织，街道两侧不同时期的建筑风格各异，是极具北京传统文化特色的景观走廊。西段以历代帝王庙和白塔寺为核心，规划建成集中体现北京文化特色的标志性街区。重点建设西段入口广场、白塔寺前广场、帝王庙前广场和广济寺前广场，增加居民、游客公共活动空间，提高区域宜居性。着重改造阜成门内大街，在其南

分担阜内大街车流的羊肉胡同

侧新辟一条机动车专用道路，使阜成门内大街的交通以非机动车和步行为主，必要时考虑公共交通和专用轨道交通；恢复街道上西四牌楼等街道地标，以丰富街道景观层次。在主要公共建筑门前增加公共活动空间，并结合步行街的改造发展商业、文化及娱乐设施，形成一条具有北京风貌特色的文化街。

重点项目

按照"十五""十一五""十二五"中对朝阜路的保护规划，市政府、西城区政府、东城区政府对朝阜路进行了一系列项目规划，其中包括白塔寺山门修复工作、白塔寺文物古建腾退与修缮工作、白塔寺药店降层工程、历代帝王庙的修缮与开发，以北大红楼为主题的新文化纪念馆的建设与开放、历代帝王庙对面的停车场、白塔寺试点项目、东四胡同与四合院修缮工作。以上项目与规划，都已经获得批准，有些工程正在进行当中，有些工程已经顺利完成。其中西城区提出"阜景文化旅游街区"的规划策略，在规划中充分利用阜景街旅游资源与有利条件，发展旅游文化产业、珠宝产业，进行阜景街的产业调整。

建　设

景区景点建设

1997年以白塔寺"打开山门、亮出白塔"为龙头，开始了对朝阜路的战略性开发。继1997年白塔寺东侧腾退修缮后，于2001年10月完成了白塔寺西侧的单位与居民搬迁，实现了白塔寺文物古建的全面腾退，并于2003年9月完成了白塔寺西侧修缮工程，实现了白塔寺的全面对外开放。2013年对白塔寺药店实施降层工作，从原来的5层建筑变为2层，实现"二次亮塔"。

自2000年下半年起，对历代帝王庙开展修缮、复建工程以及开放筹备的工作。2003年初已全面完成了北京市第一五九中学的腾退迁址工程，结束了帝王庙数十年未能得到合理保护的历史。目前已基本完成一、二、三期修缮，复建工程和综合配套工程，

改造后的白塔寺药店

同时进行展览筹办、祭祀乐舞编排、电视片制作等开放筹备工作，并于2003年4月成立了"历代帝王庙开放利用促进会"。2005年，帝王庙前的石桥、牌楼的复建列入西城区"阜景文化旅游街区"的整体规划，力争实现历代帝王庙景观的完整性。同时将迁建孟端45号四合院至历代帝王庙东侧，对历代帝王庙实现功能补充。以孟端45号四合院迁建为代表，历代帝王庙周边的一系列文物保护单位相继复建、修整，重现历史丰韵。

2002年对大慈延福宫建筑遗存进行修缮。

2002年4月，以红楼为主体的新文化运动纪念馆正式开馆，2009年北大红楼修缮后重新开放为北京新文化运动纪念馆。

2003年，北海景山公园管理处一分为二，成立独立的景山公园管理处，归属北京市公园管理中心，以加强对景山的管理、维护与开发。

大高玄殿南侧牌楼于2003年10月实现复建开工，在2004

孟端45号原址（已拆除）

年4月实现复建竣工，如期完成北京市文物建筑抢险任务目标，增加和提高了阜景街"人文奥运"的环境氛围。

2009年对阜成门内大街93号四合院实施改造工程。改造工程完全按照北京四合院改造标准进行，包括四合院建筑的屋顶、墙身、门窗等各部位的色彩，垂花门、廊、平台建筑等的挂檐、梁柱、门窗及檐口椽头的油漆彩画，都是按照传统四合院的样式修复，充分尊重四合院原有的建筑格局与外观风貌。

2013年，还计划完成护国寺双关帝庙文物征收方案的报批工作。

阜成门内大街93号四合院

建筑交通改造

为做好历史文物的保护和利用工作,北京市有关部门已对朝阜路做出规划。整治沿街文化文物景点,营造街区氛围,按照元、明、清建筑风格统一设计沿街商家铺面,形成以历代帝王庙、白塔寺为代表的景点,建设以宫门口民俗街、绍兴文化街、北京鲁迅博物馆(北京新文化运动纪念馆)鲁迅博物馆馆区为西线,以民国四合院、广济寺、中国地质博物馆为东线的旅游带,通过以点带面、点线结合的建筑手法,将这条古街整治为京城旅游新景观。2001年,有关部门还对这条街的市政管线、道路、街景、广告、照明等进行整治性规划,引导沿街企业调整业态,发展以旅游为主的文化产业。

统一的明清风格铺面

为配合历代帝王庙在 2004 年的全面开放，改变与传统街区风貌不相协调的环境氛围，管委会办公室会同区市政管委对东至西四路口、西至太平桥路口南、北两侧的外立面以及帝王庙门前的绿化设施、外墙、影壁等进行了整治性景观设计委托，由相关部门及单位组成联合小组，于 2004 年 4 月初完成该项工程的组织实施。

2005 年，为了缓解阜景街的交通压力，西城区政府在地铁 4 号线西四站建设的同时，在历代帝王庙对面建立了一个中型停车场，并对沿线政府机关单位停车场的使用方式进行修改，进一步提高了区域内停车位的利用水平。

历代帝王庙对面停车场

2007 年西城区政府对阜景街进行了环境整治。

2006 年至 2008 年，在北京举办奥运会的大背景下，东四街

整治后的崇礼旧宅

道对 9 条主要胡同进行了整治。在整治过程中，办事处聘请古建专家对整治工程进行全程指导与监督，资金投入上不惜成本，对整治范围内的崇礼住宅外墙、九爷府外墙按照文物修缮标准进行了修缮。

2013 年对北京鲁迅博物馆（北京新文化运动纪念馆）鲁迅博物馆馆区附近的一些违章建筑进行拆除。2014 年，实施鲁迅博物馆馆区南片区环境整治、业态升级工作。

文化商业挖掘

从 2004 年开始，北海公园于每年农历腊月二十六至农历正月初七举办迎春祈福文化节，以阐福寺为中心，在公园内营造仙境迎福、福寺祈福、盛世颂福的热闹吉祥的氛围,并将清乾隆时期在北海皇城御苑内举行的阐福寺祈福盛典仪式复原、展示给广大游客。各方游客纷纷迎春祈福,为来年许下美好的愿望。2011年4月3日至5月3日北海公园隆重推出"北海公园首届'琼岛春阴'赏春文化月"。"'琼岛春阴'赏春文化月"包括一系列活动与内容:"琼岛春阴"历史文化长廊展览;皇家宫廷风筝制作与亲蚕文化展示;御苑踏青、赏花养木;根雕、奇石、盆景展;北海公园旅游特色产品展示;仿膳饭庄推出的春季宫廷养生宴与公园内的多重活动为广大游客呈现了一道春季文化大餐、美食享受。

2004年历代帝王庙举办"相聚历代帝王庙 拜谒三皇五帝"活动,力争将历代帝王庙打造成为国内外知名的华人祭祖中心。

2005年,西城区政府经过严格的规划,提出建设"阜景文

阐福寺

化旅游街区"的战略规划,充分利用阜景街的资源优势,引导沿街产业调整,发展以旅游为重点的文化产业。规划中提出:以珠宝产业为龙头,形

密集的珠宝铺面

成规模经营的态势,以"阜景文化旅游街区"与羊肉胡同为核心向四周辐射,建设西四地区珠宝产业商圈。利用国土资源部、中国地质博物馆、国家珠宝检测中心等优势资源,为西四珠宝产业发展奠定坚实的基础。

西城区还提出了下列项目:白塔寺试点项目:通过积极保护、有机更新的开发方式,改善居民生活环境,将白塔寺周边地区改

珠宝交易中心

造成为富有历史特色并具时代感的低密度高档居住、商业、小型办公和特色民居旅馆等。茗苑休闲中心项目：占地面积约7395平方米（含区级文化保护单位——阜成门内大街93号四合院）。在对原有传统四合院予以保留的前提下，将该项目建设成为与阜景街旅游业配套的大型娱乐和餐饮设施。

2009年，北京市拟重建4条特色街，其中包括落寞多年的隆福寺商业街。2011年出台的东城区"十二五"规划提出，改造提升隆福寺地区，完善街区计划，推动转型发展，促进隆福寺街升级，使特色街区成为展示城市魅力、城市活力、城市品质的重要窗口。据2011年3月5日出版的《北京日报》报道，北京市国资公司将借鉴运作鸟巢和水立方的成功经验，对隆福大厦及整个隆福寺商业街进行综合开发。隆福寺的开发将综合该地区既有优势及首都风貌与历史文化传统，打造一个既有文化内涵又有现代气息的商业街区，并考虑引入文化创意等新兴产业。

东城区则推出了朝阜路景点与其他景点结合的组合游的方式：以天安门、天安门广场、北大红楼、毛泽东故居为主要内容的红色旅游；以国家博物馆、中国美术馆、智化寺等文博设施为主要内容的文博旅游；以"建国门—东四"为主题的文化旅游区，该地区主要包括东四奥林匹克社区、智化寺、古观象台和南新仓文化休闲街等几个散点分布的地区；以雍和宫的藏传佛教文化、东堂天主教文化和东四清真寺伊斯兰文化为主题的宗教文化旅游活动。

推 广

推广文化品牌，实现历史价值是作为文脉大街的朝阜路的题中之意，旅游业则是不二选择，实际上，各城区政府也是这样操作的。

皇韵气派之旅

皇韵气派之旅是主打朝阜路沿线景点的一条旅游线路，这条线路中包括最能体现皇家气派的北海公园、仿膳饭庄与景山公园。

1925年北海公园对外开放后，一直深受北京市民与外地游人的青睐。公园内不仅风景优美，景色宜人，而且快雪堂、阅古楼等处藏有的大量书法、雕刻等艺术精品造就了园内古色古香的氛围。同时为扩大影响力与知名度，北海公园举办了多次不同主题的展览，其中以2001年为庆祝北京申奥成功而举行的以"菊染京香"为主题的菊花展颇具新意，令人印象深刻。2004年则举办了迎春祈福文化节。2011年，公园挖掘自身资源、因地制宜地举办首届"'琼岛春阴'赏春文化月"。为了配合这次活动，仿膳饭庄还推出了十几道清热、明目、润肠的春季养生套餐。

景山公园原为明、清御苑，于1928年正式对社会开放。作

快雪堂书法一角

为皇家御苑,景山公园的景色本就吸引了大批游客前往。近些年,在"文化建园"方针的指引下,景山公园每年举办牡丹展、荷花展、秋实秋菊展。景山公园现今也成为许多热爱歌唱的北京市民练习、合唱的地方,为此北京市西城区政府2004年在景山公园举办景山合唱节(Jingshan Choir Festival)。景山公园以香飘四季的各色鲜花、贴近生活的市民文化、美不胜收的皇家风景吸引着中外游客。

文化长河之旅

西城区的精品旅游中还有一条充满文化气息的线路:北京鲁迅博物馆(北京新文化运动纪念馆)、白塔寺、历代帝王庙、广济寺,充分展现了皇家文化、寺庙文化、新文化运动文化。

近些年来，北京鲁迅博物馆（北京新文化运动纪念馆）、白塔寺、历代帝王庙及其周边建筑与环境不断被修缮、改进。在"硬件设施"不断提升的过程中，各景点内部也在不断地挖掘自身潜力。2004年历代帝王庙举办首届华人祭祖活动，发挥其在凝聚海内外华人方面的重要作用，帝王庙也逐渐成为海内外华人寻根问祖的精神家园。广济寺作为享誉全国、具有深厚佛学底蕴的寺庙，每年春节及农历初一、十五等日子，都会迎来大批信众，祈求灭瘴消灾、增加福祉。游客如果有缘恰逢大师布道，可以进寺感受佛学涤荡心灵、教化人心的魅力。同时也可以在寺院中感受"院一间"的建筑模式，发掘佛教"空与无"的思想内涵。

广济寺讲经活动

爱国红色之旅

2012年，东城区策划出10条精品旅游线路。这10条精品旅游线路中就有以朝阜路沿线景点为主体而推出的爱国红色游。

以北京鲁迅博物馆（北京新文化运动纪念馆）新文化运动纪念馆馆区为主体的爱国红色旅游，游览范围涉及沙滩后街、吉安所左巷、中老胡同。改造为新文化运动纪念馆馆区的北大红楼以旧址复原为方针，重现李大钊图书馆主任室与毛泽东工作过的阅览室等一些旧址，在复原的基础上配合适当适量的陈列与展览，生动真实地展示五四新文化运动时期的一些重要历史事件，赋予观者身临其境的时代感。

吉安所左巷毛泽东故居

朝阜路可以被称为北京的文脉之路，是因为道路两旁分布多处历史文化景点，更重要的是因为北京历史，甚至中国历史的每一次变迁都在朝阜路上写下了重重的一笔、刻下了深深的印记，从这条街上我们能感受与体会到历史的呼吸与脉搏！借用吴良镛教授提出的"景观遗产"的概念来对朝阜路这条独一无二、依然保留着原有肌理与风貌的文脉之街表示感恩之情与告诫之心,"对原有城市在历史上已经形成的不仅具有文化价值,并且具有整体美的精华地区,需要千方百计设法加以保护。对历史地段保护的意义,不仅在于保护文物建筑、雕塑等本身('实体'部分)不被破坏,或对已经被损坏的地区进行科学的整理修复工作,还要保护其淳朴的'虚'的外在空间,具备整体美的环境,使城市的'景观遗产'(townscape heritage)不轻易地遭受破坏"。

参考书目

黄春和：《白塔寺》，北京：华文出版社，2002

薛增起，薛楠：《北京的塔》，北京：北京出版社，2002

《北京风物志》，北京：北京旅游出版社，1984

善无畏，邬育伟：《北京百家佛寺寻踪》，北京：新华出版社，2012

曹子西：《北京史志文化备要》，北京：中国文史出版社，2008

北京市地方志编纂委员会：《北京志·旅游卷·旅游志》，北京：北京出版社，2006

王伟杰：《北京趣闻1000题》，北京：中国旅游出版社，2002

北京市地方志编纂委员会：《北京志·建筑卷·建筑志》，北京：北京出版社，2003

北京市地方志编纂委员会：《北京志·市政卷·道桥志》，北京：北京出版社，2003

吴建雍：《北京城市发展史·清代卷》，北京：北京燕山出版社，2008

肖飞，龙霄飞：《北京的宫殿坛庙与胡同》，北京：光明日报出版社，2004

刘洋：《北京西城历史文化概要》，北京：北京燕山出版社，2010

北京市政协文史资料委员会：《北京文史资料精选·西城卷》，北京：北京出版社，2006

张复合：《北京近代建筑史》，北京：清华大学出版社，2004

熊梦祥：《析津志（辑佚本）》，北京：北京古籍出版社，1983

徐珂：《清稗类钞》第1册，北京：中华书局，1984年

周家楣，缪荃孙等：《光绪顺天府志》，北京：北京古籍出版社，2001

马芷庠：《北平旅行指南》，经济新闻社，民国二十四年（1935年）

吴廷燮等：《北京市志稿》，北京：北京燕山出版社，1998

蒋一葵：《长安客话》，北京：北京古籍出版社，1994

刘仲华：《朝阜历史文化带研究》，北京：知识产权出版社，2013

吴长元：《宸垣识略》，北京：北京古籍出版社，1983

释僧佑：《出三藏记集》，北京：中华书局，1995

刘侗，于奕正：《帝京景物略》，北京：北京古籍出版社，1980

舒乙：《发现北京：舒乙眼中的北京》，北京：中国城市出版社，2009

徐威：《广济寺》，北京：华文出版社，2003

释湛佑：《弘慈广济寺》，清康熙四十三年（1704年）刊本上卷

原北平市政府秘书处：《旧都文物略》，北京：中国建筑工业出版社，2005

王红：《老字号》，北京：北京出版社，2006

王永斌：《耄耋老人回忆旧北京》，北京：中国时代经济出版社，2009

中国人民大学清史研究所，档案系中国政治制度史教研室：《清代的矿业》，北京：中华书局，1983

于敏中等：《日下旧闻考》，北京：北京古籍出版社，1983

曾智中：《三人行——鲁迅与许广平、朱安》，北京：中国青年出版社，1990

鲁迅：《俟堂专文杂集》，北京：文物出版社，1960

商金林：《孙伏园散文选集》，天津：百花文艺出版社，1991

《续修四库全书》，上海古籍出版社，2002

张次溪：《燕都访古录》，北京：中华印书局，1934

张江裁：《东莞张江裁燕归来簃》，燕都风土丛书：四种，民国二十七年—民国二十八年（1938—1939年）

鲁迅：《野草》，北京：人民文学出版社，2006

宋濂，王祎：《元史》，北京：中华书局，1976

邓云乡：《云乡琐记》，河北：河北教育出版社，2004

北京市地方志编纂委员会办公室：《志说北京——修志人眼中的北京》，北京：文化艺术出版社，2012

鲁迅：《朝花夕拾》，陕西：陕西师范大学出版社，2009

韩欣：《中国名居》，北京：东方出版社，2006

鲁迅：《准风月谈》，北京：人民文学出版社，2006

金磊：《走进北京寺庙》，天津：天津大学出版社，2008

贾珺：《北京四合院》，北京：清华大学出版社，2009

埃德加·斯诺：《西行漫记》，北京：三联书店，1979

吴晓铃：《居京琐记》，北京：光明日报出版社，1993

史会：《窗外柳——红楼生活片段》，《北京大学校友通讯》第24期

蔡元培撰，钱玄同书：《国立北平图书馆记》，《文献》1982年第4期

吴良镛：《广义建筑学》，北京：清华大学出版社，1989

部分图片来源：

黄春和：《白塔寺》，北京：华文出版社，2002

傅公钺：《北京老城门》，北京：北京美术摄影出版社，2002

王永斌：《耄耋老人回忆旧北京》，北京：中国时代经济出版社，2009

北京市规划委员会：《北京朝阜大街城市设计》，北京：机械工业出版社，2006

王玉甫：《隆福漫笔》，北京：中国档案出版社，1998

后　记

对很多朋友来说，朝阜路并不陌生。以朝阜路为主题的书籍与文章着实不少，涉及朝阜路的更是不胜枚举。众多前辈的努力使得对朝阜路的研究既拥有扎实的基础也拥有广阔的视角。当得知撰写"北京地方志·风物图志丛书"《朝阜路》的任务落到我们身上时，莫大欣喜，责任尤重，只有加紧鼓励鞭策自己，尽力写出大家所熟悉的朝阜路。2013年8月至2014年3月，撰写出了初稿。2014年3月至2014年5月，反复审核。全书共分六章，张杰负责一、二、三章的资料搜集与撰写，徐佳伟负责四、五、六章。长时间的摸索与钻研促使本书由最初地段分界演进为以文化类别区分，这既是我们对朝阜路认识的一次深化，又能清晰地引领读者认识朝阜路。

本书最终能呈现在诸位面前，首先感谢谭烈飞先生。谭老师百忙之中不辞辛劳，倾力指导，着实让我们受益良多。感谢北京市地方志办公室的王化宁老师，王老师在文字写作上给出了中肯的建议。本书的出版离不开众多前辈尊长的关心，在此一并表示感谢。同时感谢所有为此书面世付出辛劳的人。

2015年本书出版，今又混迹《京华通览》丛书之中，忝列其间，深感丛书编委诸位前辈不计鄙陋，提点后学之良苦用心。唯有继续努力，不负此心。书中谬漏之处，实属著者识见有限，愿读者多多赐教。

徐佳伟　张　杰

2017年11月